REFLEXIONS MILITAIRES

ET

POLITIQUES;

TRADUITES DE L'ESPAGNOL

De M. le Marquis de SANTA CRUZ

DE MARZENADO;

PAR M. DE VERGY.

TOME DIXIE'ME.

A PARIS,

Chez JACQUES GUERIN, Libraire-
Imprimeur, Quay des Augustins.

M. DCC. XXXVIII.

Avec Approbation & Privilege du Roi.

TABLE
DES CHAPITRES
de ce dixiéme Volume.

De la Guerre défensive.

Tome X.   ā

Fin de la Table des Chapitres de ce dixiéme Volume.

REFLEXIONS
MILITAIRES
ET
POLITIQUES.

DE LA GUERRE DE'FENSIVE.

CHAPITRE I.

Récapitulation de divers points, dont on traite dans quelques autres endroits de cet Ouvrage, qui ont rapport à la Guerre défensive.

POur ne pas m'étendre beaucoup sur ce détail, qui pourroit être trop ennuieux, je me contenterai de dire, que je prouve ailleurs, qu'on doit regarder comme une sorte de Guerre défensive celle, qu'on entreprend pour recou-

Des motifs de faire la Guerre ou la paix. C. 7.

Tome X.   A

vrer un Païs ufurpé ; pour prévenir un Ennemi, qui fûrement fe prépare à vous attaquer, & à entrer dans votre Païs ; pour foûtenir la Religion, fes Alliés ou quelque Puiffance injuftement opprimée ; pour avoir raifon d'une griéve offenfe publique ; pour punir des Rebelles, qui fe font révoltés contre un autre Souverain ; pour contrebalancer les forces d'un injufte Conquérant trop puiffant, &c.

C'eft une excellente maxime de Politique de prendre toutes les mefures poffibles ; afin qu'on foit perfuadé, que la Guerre où vous vous engagez n'eft qu'une pure défenfe. Par là les Sujets contribueront plus volontiers aux frais de cette Guerre, & les Princes voifins moins alarmés, que s'ils croïoient, que vous armez pour faire des conquêtes, ne fe déclareront pas contre vous.

Avant que la Guerre commence, aïez foin de reconnoître vos frontieres & vos Magafins. Achetez dans le Païs neutre, & même chez l'Ennemi tout ce qui peut vous être néceffaire, ou faire faute à ceux, qui vont devenir vos Ennemis, & tâchez d'être prêt à vous mettre en Campagne avant eux.

Ne vous laissez pas surprendre par de fausses apparences de vouloir conser- *Ibid. C, 25.
26. & 27.* ver la paix. Préparez-vous surtout à la Guerre , lorsque le Prince , qui peut vous la faire , vous demande à l'amiable quelque chose , que vous ne sauriez accorder , à moins d'y être forcé par les Armes ; parce qu'une pareille demande ne doit être regardée que comme un artifice , afin que le refus lui serve d'un prétexte pour rompre la paix.

¶ Les Lacédémoniens, aïant dessein de prendre Elide , demanderent que certains lieux de la dépendance d'Elide fussent soumis à la puissance & aux loix de Lacédémone, & que les Eliens contribuassent pour une quatriéme partie aux frais de la Guerre contre Athenes. *Par ces demandes* , ajoûte Diodore de Sicile , *les Lacédémoniens ne cherchoient qu'un refus , qui leur servit d'un prétexte apparent pour déclarer la guerre aux Eliens.* (1).

¶ Denys I. Tyran de Syracuse , s'étant proposé de détruire Régio pour se venger du refus, que cette Ville lui avoit fait d'une Demoiselle, qu'il avoit

____

(1) Diodore de Sicile, L. 14. C. 5.

A ij

demandée en mariage, ne voulut point
fans quelque nouveau prétexte rompre la paix, qu'il venoit de conclure
avec les Régiens. Dans cette vûë,
aïant controuvé des raiſons pour détenir l'Armée de Syracuſe dans les
Etats de Régio, il demanda ſi ſouvent aux Régiens des Vivres pour la
ſubſiſtance de ſes Troupes, qu'à la
fin ils furent obligés de lui en refuſer:
ce qui fut pour Denys l'occaſion qu'il
cherchoit de recommencer la guerre.
Il attaqua Régio, & aïant pris cette
Place, il la fit ruiner. (1).

(1) Diodore de Sicile, L. 14. C. 28.

***

CHAPITRE II.

*S'il eſt plus avantageux à un Prin-
ce, qui ſe prépare à la défenſive,
de combattre ſur mer ou ſur terre
des Ennemis, qui doivent venir
de de-là les mers.*

SUPPOSE' que les Enne-
mis, pour vous faire la Guerre, aient beſoin de conduire leurs Troupes par Mer,
ne prenez point la réſolution de leur

aller à la rencontre pour les attaquer ſur mer, ou de les attendre pour les combattre ſur terre, ſans examiner auparavant quelle peut être votre ſupériorité par le nombre & la qualité de vos Vaiſſeaux, par le courage, l'habileté & l'experience de vos Mariniers, & par la réputation, que vos Armes ſe ſeront acquiſes dans les précédens combats de mer ou de terre.

§ Adherbal, Commandant de l'Armée Navale de Carthage, aïant eu avis, que le Conſul P. Claudius tranſportoit des Troupes par Mer pour venir inveſtir Trapano, prit la réſolution de l'attaquer dans ſon voïage ; parce que les Carthaginois étoient alors beaucoup plus expérimentés dans les Combats ſur mer, que les Romains, qui furent défaits par Adherbal. (1)

Plutarque blâme avec raiſon Marc-Antoine de ce que, ſa flotte étant plus mal équipée, moins aguerrie, & par conſéquent plus foible que celle d'Auguſte, il avoit voulu combattre ſur mer : ce qui fut la cauſe de tous ſes

____

(1) Polybe Hiſt. L. 1.

malheurs. Il perdit la bataille navale d'Actium, son Païs fut conquis, & il lui en coûta la vie. Au lieu que Marc Antoine, ainsi que Plutarque l'a observé, auroit dû engager un combat sur terre; puisqu'il avoit un grand nombre de bonnes Troupes, aguerries, bien disciplinées, & pleines de courage & d'ardeur par la victoire, qu'elles venoient de remporter sur les Parthes. (1).

Pour vous déterminer à combattre plûtôt sur mer que sur terre, ou au contraire, considerez, s'il vous sera plus facile, supposé que vous soïez défait, de rétablir votre Armée de Mer ou de terre. D'un autre côté pesez murement quelles suites plus avantageuses pourroit avoir pour vous une Bataille, que vous auriez gagné sur mer, ou une victoire, que vous auriez remporté dans un Combat sur terre, & quelle plus grande utilité les ennemis tireroient de la déroute de votre Armée de mer ou de terre.

Celui, qui peut, dans le cas dont il s'agit, mettre une Armée Navale supérieure à celle des Ennemis, jouit

Des occasions où il faut éviter le Combat. C. 2. 4. & 4.

De la Guerre offensive. C. 1. 2. & 19.

(1) Plutarque, Vie de M. Ant.

de l'avantage de délivrer son Pays des maux & des ravages, que la Guerre y causeroit.

Il n'y auroit pas de plus mauvais parti à prendre, que de diviser les Hommes, les Munitions, les Vivres, les Armes, & l'argent de maniere, qu'en l'une & l'autre Armée vous fussiez plus foible que les Ennemis. Au contraire tirez de l'un ou l'autre de ces deux Corps tout ce qui est nécessaire pour rendre un des deux supérieur, ou du moins égal à celui des Ennemis : ce qui n'est pas fort difficile, puisque l'argent, les Vivres & une partie des Munitions servent également à une Armée de terre, comme à une de mer. A l'égard de la manœuvre, qui se doit faire sur le Tillac ou le premier Pont du Vaisseau, les Soldats après quinze jours d'embarquement en savent autant que les Mariniers ; & ceux-ci serviront beaucoup mieux que d'autres Recrues, si l'on en met huit ou dix dans chaque Compagnie de l'Armée de terre ; puisqu'ils sont déja accoûtumés au péril de la Guerre & au maniement des Armes. Je comprends parfaitement, que c'est une plus grosse dépense de donner à un Homme, qui ne doit faire que la fonction de Fantaffin, la plus haute païe qu'a le Marinier : mais auffi je fuppofe, que ce ne fera que pour ce peu de tems, qui s'écoulera, depuis le moment, que vous aurez pris la réfolution de livrer Bataille, jufques au Combat, que vous donnerez aux Ennemis nouvellement débarqués.

¶ Cneius Cornelius Scipion, Commandant pour les Romains en Efpagne, avoit formé le deffein d'attaquer l'Armée de terre de Carthage, dont Afdrubal étoit Général, avant qu'elle fut renforcée par les Troupes, qu'Amilcar devoit débarquer : mais aïant fçû que les Carthaginois fe trouvoient plus forts fur terre que fur mer, il changea de réfolution. Il fit embarquer fes meilleures Troupes fur les Vaiffeaux de Rome, & aïant attaqué auprès des Alfaqs de Tortofe l'Armée Navale de Carthage, il remporta fur elle une pleine & entiere victoire. (1).

¶ Thémiftocle connoiffant, qu'il étoit impoffible à Athénes fa République de mettre fur pied une Armée de terre

____

(1) Polybe, Hift. l. 3.

affez nombreuſe , pour s'oppoſer à celle des Perſes, donna pour conſeil de réünir toutes les forces de la République dans la ſeule Armée Navale , afin de combattre avec quelque avantage la Flotte Perſienne. Ce Conſeil de Thémiſtocle fut aprouvé des Athéniens. Ils mirent toutes leurs forces ſur mer , & donnerent le Commandement de cette Armée à Thémiſtocle , qui défit les Perſes auprès de Salamine. (1).

§ Céſar renforça avec ſuccès ſon Armée de terre par un nombre de Mariniers , qu'il tira de ſon Armée Navale. (2).

Nous apprenons de Tite-Live & de Polybe , que les Armées des Anciens combattoient indifféremment ſur mer & ſur terre , & que les Romains recrutoient leur Marine également dans le cœur du Païs comme ſur les Côtes. Je ne vois pas même quelle difficulté il y auroit à ſuivre cette méthode ; puiſque dans le même tems qu'on emploïe pour diſcipliner un Païſan de recrue pour en former un bon Fantaſſin ou un bon Dragon, on pour-

(1) Foreſti Mappe-monde Hiſtor.
(2) Comment. de Céſar.

roit aussi discipliner un Marinier. Par là on trouveroit sur chaque Vaisseau un nombre de vieux Soldats, comme on le trouve dans les Régimens. C'est à ce sujet que je ne comprends pas, par quelle illusion l'Espagne manque toûjours de Mariniers, lorsqu'elle pourroit en avoir autant que de Soldats, en les recrutant non-seulement sur les Côtes, mais encore dans l'intérieur du Roïaume. Je me suis déjà étendu au long sur cette matiere en traitant *de la Guerre offensive,* j'y renvoïe le Lecteur.

De la Guerre offensive. C. 10.

En parlant des *Embarquemens* & des *Débarquemens* j'ai fait voir, qu'il se passe un tems considérable, depuis qu'on commence de fréter & d'assembler les Bâtimens pour transporter une Armée, jusqu'à ce que tout le Convoi se mette à la voile. Si pendant ces entrefaites les Ennemis n'ont pas réuni leurs Escadres, examinez, si vous ne pourriez point en équiper une supérieure aux Vaisseaux de Guerre, qui escortent dans quelque Port mal fermé les Bâtimens de transports fretés par les Ennemis ; & tâchez alors avec cette petite Flotte de les prendre, ou de les couler à fond avec votre Canon & vos Bombes, si le peu de

hauteur des eaux ne vous permet pas
de les aborder ; ou de les brûler avec
des Brulots, si ces Bâtimens de tranf-
ports des Ennemis font hors de la portée de vos Canons & de vos Bombes.
Les Ports, que l'on choifit pour un embarquement, fourniffent fouvent la
commodité de réuffir dans ce que je
propofe ; parce que ce nombre extraordinaire de Voiles, dont on a befoin, ne peut pas ordinairement être
contenu dans le Mole. Par conféquent
on jette l'Ancre dans des Plages ou-
vertes, où un bon fond & les Caps,
qui forment la Rade, mettent en fûreté les Navires contre les Vents,
mais non contre les Ennemis.

¶ Pendant que nous faifions notre
dernier Armement contre la Sicile,
j'ai vû nos plus fages Généraux craindre continuellement, que les Anglois,
fans s'amufer à former la groffe Flotte,
qu'ils mirent enfuite en mer, n'en-
voïaffent quelques Vaiffeaux, qui en
fe joignant à ceux, qu'ils avoient déja
dans la Méditerranée, auroient pû prendre nos Bâtimens de tranfport, dont
la plus grande partie avoit jetté
l'Ancre hors de la portée du Canon
de Barcelonne, dans un tems où l'Ef-

cadre de Cadiz n'étoit pas encore arrivée pour les défendre.

Quoique vos Bâtimens de tranfport foient fous le Canon de la Place,
vous n'empêcherez pas, qu'on ne les
attaque de nuit, s'ils font dans une
Plage ouverte ; parce que vous ne
fçauriez dans l'obfcurité vous fervir
de vos Batteries de terre, fans vous
mettre en danger d'incommoder autant vos propres Vaiffeaux, que ceux
des Ennemis.

Pour moi, qui m'eftimerois heureux,
fi dans tout ce long Ouvrage il fe trouvoit un feul avis, qui pût convenir à
mon Roi & à ma Nation, je crois ne
devoir pas omettre ici la néceffité qu'il
y a d'avoir en Efpagne un Port bon
& fûr dans la Méditerranée, tel qu'on
pourroit le faire à Carthagene. On ne
craindroit plus alors dans les Embarquemens, qu'une Efcadre ennemie fît
manquer l'Expédition, en diffipant ou
en enlevant les Bâtimens de tranfport, avant que les Vaiffeaux du Roi
foient venus joindre le Convoi qui fe
prépare. Je dis la même chofe par rapport au Chantier des Navires, qu'autrement les Ennemis brûlent quand
ils veulent : ainfi qu'il eft arrivé en

Biscaye, il n'y a pas encore fort long-tems.

Si vous êtes supérieur en Vaisseaux, envoïez votre Armée Navale devant le Port d'Assemblée des Ennemis, quand même leurs Escadres de Guerre s'y seroient déja renduës ; parce que si vous les attendez le long de vos Côtes, ou en tenant la haute Mer peut-être vous éviteront-ils ; & après avoir exécuté leur débarquement ils reviendront dans leurs Ports. Ils y réussiront plus facilement, si une longue étendue de Côte leur donne la commodité de débarquer dans différens endroits fort éloignés les uns des autres. On peut voir sur ce sujet l'exemple des Hollandois contre Jacques II. Roi d'Angleterre, que j'ai rapporté en traitant de *Guerre Offensive*, Chapitre 10.

Il peut aussi arriver que les Ennemis soient obligés nécessairement de passer quelque Détroit, afin d'assembler divers Convois, qu'ils ont formés en différens Ports pour composer le Gros de la Flotte, qui doit faire le débarquement. Dans ce cas il est à propos, que la vôtre attende dans ce Détroit ou dans ce voisinage pour don-

ner la chasse aux Escadres ennemies,
qui se présenteront avant cette jonction ; particulierement si auprès de ce
Détroit il y a dans le Païs neutre ou
ami des Ports, où vos Vaisseaux
puissent entrer, pour s'y mettre en sûreté contre une forte Bourasque, qui
les oblige d'abandonner le Poste qu'ils
gardent.

§ André Doria ayant eu avis, que les
Turcs faisoient des préparatifs pour
assiéger Cadiz, alla les attendre avec
la Flotte d'Espagne auprès du Détroit de Gibraltar, qu'ils devoient nécessairement passer. La Flotte d'Ar-
gel fut la premiere qui se présenta,
& Doria la battit avant que les autres
l'eussent jointe : ce qui fut cause que
les Turcs abandonnerent l'entreprise.
(1).

§ Il n'y a que peu d'années, qu'un
certain Ministre Anglois s'échauffant
à faire valoir les raisons de Politique,
que sa Nation avoit pour ne pas rendre Gibraltar, me dit avec chaleur, que
le principal motif étoit d'empêcher
par là l'union des Escadres de l'Océan
& de la Méditerranée, que les Fran-

—

(1) Foresti, Mappe-monde histor.

çois & les Espagnols pourroient mettre en Mer pour quelque entreprise.

Lorsque le Détroit n'est point tel que celui de Gibraltar, qu'il faut indispensablement passer, faites avancer des Galiotes, des Felouques, & des Frégates légeres pour découvrir, si la Flotte ennemie fait route en dehors de l'Isle, qui sert à former ce Détroit ; parce que sur l'avis, qui vous en sera aussitôt donné, vous pourrrez sortir avec votre Armée Navale pour la couper. Ces mêmes Bâtimens légers s'informeront de tous les autres Navires qu'ils rencontreront, à quelle hauteur ils ont laissé le Convoi ennemi.

Soit que votre Armée Navale aille attendre les Ennemis dans le Détroit ou devant le Port de leur Assemblée, elle doit porter le plus de Vivres qu'elle pourra ; & à mesure qu'il s'en consumera, on les remplacera de ceux, qui sont sur les Bâtimens de transport ; de peur que faute de Vivres vos Vaisseaux de Guerre ne fussent contraints d'abandonner le Poste où ils doivent se maintenir, jusqu'à ce que vous aiez fait tous les préparatifs nécessaires pour vous défendre sur terre ; ou que le tems favorable aux Ennemis pour leur expédition de Mer soit passé.

Si la tempête oblige vos Vaisseaux de quitter le Poste qu'ils gardoient, il est à craindre, que les Ennemis ne profitent de cette occasion pour mettre à la voile. Par conséquent votre Amiral ne doit point perdre de tems pour revenir à ce Poste, dès que le vent le permettra. S'il trouve que, le Convoi ennemi s'est mis à faire route, il forcera de voile pour tâcher de l'atteindre ; parce que s'il le bat ou le dissipe, après qu'il aura seulement débarqué quelques Troupes, elles sont perdues; & s'il le combat, lorsque les Ennemis ont encore toutes leurs Troupes à bord, ils ne pourront ni bien manœuvrer, ni bien manier les Armes par l'embarras, que causent le grand nombre de Soldats, & la quantité des Provisions de bouche & de guerre qu'on a embarquées.

§ Ce furent ces considerations, qui porterent le Consul C. Lutatius à attaquer l'Armée Navale de Carthage, avant qu'elle fit un débarquement en Lilibée, & il la battit facilement. (1).

Lorsque les Ennemis sont les maî-

____

(1) Polybe, Hist. L. 2.

tres de la Mer, & qu'il n'y a sur votre Côte que quelques Ports nécessaires aux Vaisseaux ennemis, pour s'y mettre à l'abri dans les continuels voïages qu'ils feront, après que leurs Troupes seront entrées dans votre Païs ; fortifiez les Caps ou la Côte, d'où ces Ports sont commandés. Si vous prévoïez, que vous n'aurez ni le tems & l'argent nécessaires pour finir les ouvrages de fortification, ni le monde pour les défendre ; tâchez de fermer ces Ports avec de vieux Navires, que vous chargerez de pierres pour les couler à fond ; ou de faire déboucher dans ces Ports des ruisseaux, qui en embarrasseront l'entrée par la terre, qu'ils y entraîneront des Champs, lorsqu'on les forcera de sortir de leur lit. Ce dernier expédient demande des années ; ainsi il faudroit s'y être pris par avance. Le second est d'une facile exécution dans les Ports, où l'on n'entre que par un Canal, qui n'est pas fort large.

§ Les Athéniens, qui après avoir été battus par Lysandre, n'étoient plus les maîtres de la Mer, fermerent tous leurs Ports, afin qu'ils ne servissent pas aux Lacédemoniens leurs ennemis. (1).

En traitant de la Guerre offensive j'ai dit de quelle maniere il faut faire un Débarquement à la vûë de l'Ennemi : d'où vous pourrez inférer comment vous devez agir, lorsque vous vous trouverez avec un Corps de Troupes sur une Plage, où les Ennemis prétendent débarquer. Au reste ne vous mettez jamais en tête de vouloir, que des Troupes à découvert tiennent ferme à la portée de l'Artillerie des Vaisseaux ennemis : cela ne serviroit qu'à en perdre un grand nombre & à intimider les autres. Par conséquent, s'il n'y a pas une Colline, un Vallon, des élévations de Sable, ou un Retranchement pour les mettre à couvert, tenez-les hors de la portée du Canon, jusqu'à ce que les Troupes des premieres Chaloupes aïent mis pied à terre, & alors vous viendrez à grand pas vous mêler avec elles, & les battre avant que le second voïage des Chaloupes arrive. En précipitant ainsi la Marche, vous aurez beaucoup moins à souffrir des décharges des Bâtimens ennemis, qui vous prennent en

____

(1) Diodore de Sicile, l. 13. c. 33.

flanc, depuis que vous commencez d'être sous la portée de leur Canon, jusqu'à ce que vous abordez
les Troupes debarquées. Si vos Ailes
ne s'étendent pas plus que les leurs,
vous n'avez rien à craindre de leur
Artillerie du Front ; parce qu'elle ne
tirera jamais par dessus leurs Troupes & leurs Chaloupes, par le danger évident qu'il y auroit de les frap-
per, à cause des vagues de la Mer, qui
font perpetuellement varier la visée.

Dès que vous aurez défait la premiere Troupe d'Ennemis, retirez-
vous avec vîtesse sans desordre vers
le Poste que vous occupiez ; & toutes les fois qui viendra un nouveau Débarquement, agissez de la même maniere, que vous avez agi avec le premier.

Comme vous avez beaucoup plus
de Troupes, que celles, qui peuvent debarquer par un voïage de Chaloupes, divisez les vôtres en autant
de Corps, qu'il sera nécessaire, pour
que chacun d'eux soit un peu plus
fort, que cette partie d'Ennemis,
qu'il doit attaquer. De cette sorte
vous conserverez toûjours des Troupes fraiches, en ordre de bataille, & qui peuvent se succéder

tour à tour dans les differentes attaques.

S'il n'y a rien auprès de la Mer, qui puisse vous mettre à couvert du Canon de l'Armée ennemie, préferez à l'Infanterie la Cavalerie ou les Dragons pour vous opposer au Débarquement ; parce qu'à la faveur de la legereté de leurs Chevaux ils ne tarderont pas de se mêler avec les Ennemis debarqués, & à revenir ensuite avec la même vitesse dans leur premier poste hors de la portée de l'Artillerie. Cependant si les Ennemis couvrent leur Front & leurs Flancs par de bons Piquiers ou par des Chevaux de Frise, il sera nécessaire d'avoir de l'Infanterie pour les battre.

Je crois, qu'il ne se trouvera pas des Ennemis assez temeraires, pour oser entreprendre un Débarquement à la vûë d'un Retranchement bien garni d'Hommes & d'Artillerie, principalement si ceRetranchement est à l'épreuve du Canon, avec un Fossé, afin qu'on ne puisse pas y monter facilement ; & si son Parapet est un peu haut, afin de présenter un moindre objet à ce grand nombre de Piéces d'Artillerie des Ennemis, & de donner plus de force à vos coups, lorsqu'ils seront tirés horizontalement.

Je suppose, que le Retranchement aura un Epaulement dans le Flanc, par où les Vaisseaux ennemis pourroient l'enfiler. Je suppose encore, qu'entre le Retranchement & les eaux on laissera le plus petit espace, que le terrain pourra permettre, afin que les tirs de votre Artillerie soient plus rasans, & que les Ennemis aient moins de commodité, pour se ranger en Bataille.

Pour mettre les Hommes & les Chevaux à couvert du Canon de l'Ennemi, sans être obligé de trop élever le Parapet, on prend pour former ce Parapet la terre de la partie interieure la plus proche, & l'on jette du côté de la Mer les terres, qui restent du Fossé ou du Front.

Les petites Isles & les Côtes, où la Nature a formé une chaîne de Rochers, pour les défendre contre la fureur des Mers, peuvent être fortifiées dans les Plages les plus accessibles, en escarpant les sentiers, par où l'on pourroit monter d'un Rocher à l'autre. Mais il est presque impossible d'empêcher le Debarquement, fi la Côte eſt extrémement étenduë ; parce que par un bon Vent les Vaiſſeaux feront plus de chemin en une feule nuit, que les Troupes de terre ne ſauroient faire en pluſieurs jours ; & alors les Ennemis debarquent dans un endroit, où ils ne trouvent point d'oppoſition. Il faut néanmoins conſiderer, que ſi le trajet a été long, les Ennemis auront un grand nombre de malades ; qu'un bonne partie de leurs Armes leur ſera devenuë inutile par les roulis & par l'humidité, & que pluſieurs de leurs Chevaux feront morts, & les autres extrémement affoiblis. Par conſéquent ſi vous avez un Corps de Troupes, à peu près égal en nombre à celui du Gros de l'Armée ennemie, vous devez éprouver le fort d'une Bataille, avant que les Hommes & les Chevaux des Ennemis ſoient rétablis, & que leurs Armes ſoient racommodées.

§ Aſtor Bollani, qui commandoit en 1570. les Troupes Venitiennes en Chypre, fut du ſentiment de livrer la Bataille aux Turcs, auſſitôt qu'ils auroient mis pied à terre. Pour ſoutenir ſon opinion il alleguoit les

raiſons que je viens de propoſer ; &
les Venitiens reconnurent trop tard
la faute, qu'ils avoient faite de n'a-
voir pas ſuivi l'avis de ce ſage Général (1).

§ Un des crimes, dont Theodore de
Syracuſe accuſa publiquement Denys, fut, que ce Tyran n'avoit pas
attaqué les Carthaginois auſſitôt qu'ils
eurent debarqué auprès derPalerme,
& qu'ils étoient encore affoiblis par
tout ce qu'ils avoient ſouffert dans
leur navigation (2).

(1) Foreſti , Mappe-monde hiſtor.
(2) Diodore de Sicile l. 14. c. 17

CHAPITRE III.

Dans quels Postes il faut établir les Magasins d'une Armée, qui se tient sur la Défensive. Quelles sont les Places, qu'un Prince, qui se prépare à la Défensive, doit par avance demolir, ou fortifier, & munir de toutes sortes de Provisions. En quelles circonstances il doit renforcer son Armée par les Garnisons, ou distribuer toutes ses Troupes dans les Places, à l'exception d'un Camp volant, pour incommoder les Fourages & les Vivres des Ennemis.

§. I.

De la Guerre offensive, c. 12. §. 4.

Des Siéges, c. 6. §. 11.

EN traitant *de la Guerre offensive* & des *Siéges*, j'ai fait voir par l'autorité du Prince d'Orange & par les Exemples de Cesar & du Prince Eugene, que c'est agir sagement, quand on se tient sur la Défensive, de mettre les Magasins, dont l'Armée doit subsister, dans une Place, qu'il ne sera

pas

pas aisé aux Ennemis de prendre, ni d'en couper la communication; parce qu'autrement vous serez forcé d'en venir à une Bataille pour secourir la Place; ou si, vos Magasins sont perdus, il faudra abandonner une grande étenduë de Païs pour s'approcher de celui, où votre Armée pourra trouver une facile subsistance. Faites attention à la Campagne de 1712, où le Maréchal de Villars prit à S. Amand & en quelques autres Postes les Magasins des Alliés, qui dès-lors ne se trouverent plus en état de rien entreprendre, ni même d'assûrer leur Frontiere.

Si vous ne voulez point en venir à une Bataille, ni abandonner du terrain; à quels frais ne serez-vous pas obligé, pour faire transporter de loin & à la hâte du pain & de l'avoine pour toute une Armée? C'est pour éviter cette trop grande dépense des longs transports, que Loüis XIV. fit la Paix avec la Savoye, avant de la conclure à Riswic avec l'Empire, l'Espagne, l'Angleterre & la Hollande.

Des premieres Démarches d'un Général, c. 6. §. 8.

Si vous n'avez aucune Place, qui ne soit en danger d'être assiégée, ou bloquée, separez vos Magasins de de Vivres & de Munitions en plusieurs differentes Places ; afin que si les Ennemis vous ôtent la communication avec une , vous puissiez librement tirer des autres vos Provisions de Bouche & de Guerre.

Cette précaution servira aussi pour chaque Place de la Frontiere ; parce que si les Ennemis en attaquent quelqu'une , elle se trouvera abondamment fournie de Vivres & de Munitions, pour soutenir le Blocus ou le Siége.

Des occasions où il faut éviter le Combat, c. 2.

Quand on établit les Magasins de l'Armée , on a attention , que de-là à l'endroit où l'on a dessein de camper long-tems , les chemins soient commodes pour les charrois.

Il seroit beaucoup plus avantageux, si les Vivres pouvoient être conduits par eau , sur-tout quand les Courans sont favorables , & vont des Magasins à l'Armée ; parce qu'alors le transport sur des Batteaux coûte moins , & toute arrive plûtôt. Si l'on a à combattre sur les eaux, le Courant donne le même avantage, que l'on a par le dessus du Vent dans un Combat sur Mer.

5 En Flandres les Rivieres & les

Canaux donnent la commodité de faire subsister deux Armées de cent mille Hommes. En Espagne, quoique ses Provinces soient extrémement a-bondantes*, on a de la peine de fournir des Vivres à de petites Armées de vingt mille Hommes ; surtout dans certaines Contrées, où les chemins ne sont pas propres pour les charrois, & où il faut tout transporter sur des Mulets.

¶ Un grand avantage pour les Allemans dans la Guerre contre les Turcs est, qu'ils ont le Courant du Danube favorable pour leurs Convois, & que les Turcs l'ont contraire.

S'il y a à craindre, que les Troupes ennemies penetrent jusques à quelque endroit, où sont les Archives du Prince, donnez ordre qu'on en retire les Chartes & les Titres de l'Etat ; parce que si les Ennemis enlevoient ces Papiers, il seroit difficile dans la suite à votre Souverain de justifier les droits, qu'il a sur ce Païs ou sur un autre.

¶ Depuis que Richard, Roi d'Angleterre, eut en 1194. enlevé les Papiers des Archives de Philippe Auguste, Roi de France, les Rois Successeurs de Philippe ont ignoré le service que chaque Païs, chaque Duc, chaque Baron & chaque Comte devoient à la Couronne; & malgré tous les soins, que Philippe Auguste se donna pour recouvrer ces Papiers, il ne pût jamais y réussir (1).

§. II. Prenez à propos le tems de munir, le mieux qu'il se pourra, les Places, qui sont en danger d'être investies, & qui par leurs Fortifications sont en état de faire une défense qui vous donne le loisir d'assembler une Armée pour leur secours; ou du moins qui consume aux Ennemis une partie des jours, des Munitions, des Troupes & de l'argent qu'ils vouloient emploïer à faire de plus vastes Conquêtes.

¶ Guichardin observe, que la défense de la Place de Theroüenne, qui en 1514. arrêta cinquante jours l'Armée d'Angleterre, contribua beaucoup au salut de la France (2). Les Provisions de Bouche & de Guerre, dont les Spartiates avoient pourvû leur Ville, leur donnerent lieu de se défendre longtems contre Pyrrus, &

(1) Pere Daniel, Hist. de la Milice Franç.
(2) Guichardin, Hist. d'Italie.

d'attendre le secours du Roi Antigo-
nus , qu'ils'étant joint à Arée , & aux
Candiots , fit lever le Siége (1).

§. III.

Demoliſſez les vieux Châteaux &
les autres Poſtes un peu forts , où
vous ne pouvez mettre Garniſon faute
de Troupes , & que vous ne ſçauriez
ſecourir à cauſe de la ſituation deſa-
vantageuſe , où ils ſe trouvent ; parce que , ſi les Ennemis , que je ſuppoſe ſuperieurs en Troupes , & maîtres de la Campagne , viennent à s'en
ſaiſir , il ne vous ſera pas aiſé de les
en déloger ; & les Garniſons de ces
Poſtes feront de continuelles incur-
ſions dans votre Païs. Au lieu que s'ils
n'ont point de Places , ils ne feront
maîtres que du terrain que leur Armée
occupe.

Des premie-
res Démarches
d'un Général ,
c. 6. §. 4.

¶ Simon Machabée ne croïant pas
pouvoir reſiſter à l'Armée d'Antiochus Sidete , Roi de Syrie , fit demolir la Forter> eſſe de Jeruſalem ; afin
qu'elle ne ſervit pas à Antiochus ,
pour pouvoir mieux ravager le Païs
·(2).

¶ Loüis XIV. Roi de France , fit
ruiner les Fortifications de toutes les

(1) Foreſti , Mappe-monde Hiſtor.
(2) Monarchie Eccleſiaſtique de Pineda.

Villes , & même des plus petits lieux d'Alsace , à l'exception seulement de Scheleftat & de deux autres Places , qu'il crut en état de faire une bonne défense ; de peur que Charles V. Duc de Lorraine , qui alloit entrer dans ce Païs avec une Armée superieure , ne se cantonnât dans ces Villes (1).

¶ Zampeschi , Général des Venitiens , proposa à sa République de demanteler Girapietra & Sithia ; parce que ce n'étoient pas des Postes qu'on pût bien défendre ; & d'ordonner aux Habitans de ces Villes de se retirer avec tous leurs effets en Candie , supposé que l'Isle fut investie par les Turcs (2).

§. IV.

Des Revoltes c. 34. *& 35.*

Il faut fortifier certains Postes convenables pour établir vos Magasins & vos Hôpitaux ; pour couvrir vos Convois ; pour conserver la communication ouverte avec votre Païs , & empêcher celle des Ennemis avec le leur ; pour commander les Ponts de certaines Riviéres, & les chemins absolument nécessaires pour votre commerce & celui des Ennemis ; parce que tous les autres de cette Con-

De la Guerre offensive , c. 17.

(1) Vie de Charles V. Duc de Lorraine.
(2) Zampeschi, Relation de Candie.

trées font impraticables, à caufe des Montagnes qui l'environnent. On doit auffi fortifier les Ports de Mer, quand ils font en petit nombre ; conf-truire des Citadelles dans les gran-des Villes, dont la fidélité eft fuf-pecte ; faire garder les Paffages par où l'on entre dans le Païs neutre ou ennemi, afin d'empêcher que les Mé-contens n'en tirent des Provifions de Guerre.

Des Sièges, c. 6. §. 8. & fuivans.

§. V.

Il n'eft pas aifé de décider, fi ce-lui qui fe tient fur la défenfive, doit emploïer une partie de fon Armée, pour renforcer les Garnifons des Pla-ces, ou tirer une partie des Troupes des Garnifons pour renforcer fon Ar-mée. Avant de fe déterminer fur ce point, il faut examiner, s'il eft à-propos de rifquer une Bataille, ou s'il faut l'éviter ; parce qu'il y au-roit de l'extravagance à affoiblir les Garnifons, fi l'on ne doit pas faire combattre l'Armée, ou à affoiblir l'Armée, fi elle doit rifquer le Com-bat. Mais en fuppofant, que vous vouliez hazarder une Bataille, lorf-qu'une occafion favorable pourra fe préfenter, il n'y a point d'inconvé-nient de renforcer votre Armée d'une

Des Occafions où il faut en venir à un Combat. C. 1.

C iiij

partie des Garnifons des Places, où vous êtes moralement affûré de pouvoir jetter du fecours, quand même vous feriez battu. Vous y laifferez néanmoins les Troupes fuffifantes, pour les défendre contre un Soulevement des Habitans, ou contre un coup de Surprife des Ennemis. Je penfe même, que non-feulement vous pouvez prendre ce Parti ; mais que vous y êtes abfolument obligé, fi vous prévoiez, que le feul fuccès de la Bataille peut décider de cette Guerre ; ou fi vous vous trouvez dans des circonftances, qui vous forcent de rifquer le tout pour le tout.

Si les Places, dont les Ennemis peuvent occuper les avenuës d'un jour à l'autre, font fi bien fortifiées, qu'en y mettant une bonne Garnifon, & en les muniffant de Provifions de Bouche & de Guerre, vous deviez compter davantage fur leur longue défenfe, que fur l'efperance d'une Bataille douteufe en rafe campagne ; il y aura de la prudence à demembrer une partie de votre Armée, pour augmenter les Garnifons ; principalement fi vous avez lieu de vous promettre, que l'Armée ennemie diminuera avec le tems.

Je dis la même chose, si votre Armée, même sans renforcer les Garnisons, n'est pas assez forte, pour disputer la Campagne aux Ennemis ; parce qu'il n'y auroit rien de pire, que d'être tout-à-la-fois inférieur en rase Campagne, & de n'avoir pas les Places dans un bon état de Défense.

Les Troupes, qui vous resteront, après avoir renforcé vos Garnisons & qui seront pour la plûpart de Cavalerie, serviront pour incommoder les Convois, les Fourages, & les Détachemens des Ennemis ; ou pour jetter dans la Place assiégée des Secours à la derobée, ainsi que je le dirai dans la suite.

Il est extrémement avantageux d'être supérieur en Bâtimens armés sur les Lacs & sur les Rivieres navigables du Païs, où l'on soutient une Guerre défensive ; tant pour empêcher les transports des Vivres & des Fourages des Ennemis & les constructions des Ponts, que pour secourir les Places situées sur les bords de ces eaux, lorqu'elles seront assiégées.

CHAPITRE IV.

Comment il faut défendre l'entrée de votre Païs contre l'Armée enne-mie, qui doit y venir par des Défilés. Moiens d'empêcher aux Ennemis le Passage des Gués, & la construction des Ponts, ou d'éviter qu'après les avoir passés, leur Armée ne puisse s'établir, ou marcher vers l'endroit que vous défendez.

§. I.
Des premie-res démarches d'un Général, s. 6. & 7.

De la Guer-re offensive, s. 10. & 11.

J'ai déja fait observer dans un autre endroit de cet Ouvra-ge, qu'il y a des Frontieres plus favorables les unes que les autres pour entrer dans le Païs en-nemi. Sur les avis que j'ai donnés à ce sujet, vous pourrez conjecturer par quel côté il est à présumer que les En-nemis porteront la Guerre dans les E-tats de votre Souverain. Prenez garde pourtant de vous laisser tromper par les premieres apparences, ou par les bruits, que les Ennemis répandront par rapport à leur marche pour entrer dans votre Païs.

Si l'Ennemi, pour pénétrer dans vos Etats, est nécessairement obligé de passer d'étroits Défilés, fortifiez-les, & faites-les garder, avant qu'il mette en Campagne des Troupes pour les venir occuper. Souvent, à la faveur d'un terrain extrêmement rude, dix mille Hommes font, ce que quarante mille n'oseroient pas même entreprendre dans un terrain plus étendu.

§ George Castriote Scanderberg, Prince de Croye voyant, qu'il n'y avoit qu'un seul chemin par où les Turcs pussent entrer dans son Païs, les en empêcha, en faisant construire par avance la Citadelle de Modrisa sur le sommet d'une Montagne, qui commandoit ce Chemin. (1)

§ Lorsque les Israelites se préparoient pour se défendre contre Holoferne, le Prêtre Eliachim écrivit à tous ceux, qui habitent auprès des Chemins par où l'Ennemi pouvoit passer à Jerusalem, d'occuper le haut des Montagnes, & de garder les Défilés entre une Montagne & l'autre. (2).

(1) Suarez, Hist. des Emp. Ottomans.
(2) Præoccupaverunt omnes vertices mon-

Je dois avertir, que le defir d'aller occuper un Défilé ne doit pas vous porter à vous avancer fi avant, que les Ennemis puiffent en paffant par un autre côté vous couper la Retraite ou les Vivres.

¶ Léonidas Roi de Sparte défendit avec huit mille Grecs les Défilés des Thermopyles contre un million d'Hommes de l'Armée de Xercès Longimanus, jufqu'à ce qu'enfin, par la trahifon d'Epialte Trachinius, Xercès entra par un autre chemin. Léonidas, aïant par là été coupé, & ne trouvant plus le moïen de fubfifter ni de faire retraite, ne chercha plus que la glorieufe mort, dont j'ai parlé dans un autre endroit. (1).

Si en occupant un Défilé, qu'il y a fur le Chemin, qui va en droiture de votre Païs aux Ennemis, vous les con-

tium . . . Sacerdos etiam Eliachim fcripfit ad univerfos, qui erant contra Efdrelon, quæ eft contra faciem Campi magni juxta Dothain, & univerfos, per quos viæ tranfitus effe poterat, ut obtinerent afcenfus montium, per quos via effe poterat ad Jerufalem, & illìc cuftodirent, ubi anguftum iter effe poterat inter montes. Judith. C. 4. v. 3.

(1) Diodore de Sicile, l. 17. c. 4.

traignez à prendre un grand détour, il est à propos d'occuper ce Défilé ; afin qu'ils confument plus de tems, plus de Vivres & d'argent ; & qu'ils perdent dans une longue Marche des Hommes & des Chevaux ; pourvû néanmoins, que vous vous retiriez, avant que les Ennemis puissent vous couper.

¶ Les Athéniens & les Lacédémoniens, qui faisoient la guerre contre Xercès, s'avancerent pour occuper les Défilés du Mont Olympe, ce qui obligea Xercès de prendre le détour de la haute Macédoine : mais ils les abandonnerent, avant que ce Prince fut en situation de les couper. (2).

Afin que des Ennemis peu scrupuleux ne vous engagent pas par des ordres supposés de votre Souverain à abandonner le Défilé, dont nous parlons ; il est nécessaire d'avoir concerté avec les Ministres de votre Cour les précautions, dont j'ai parlé dans le Tome troisiéme, page 170.

¶ César Mormile, qui avoit obtenu du Roi très-Chrétien quelques seins en blanc pour les faire valoir à Naples,

(1) Herodote L. 7. C 14.

se repentant de servir les François, passa à Rome sous certains prétextes. Il s'y aboucha avec Don Diego de Mendoza, & avec le Cardinal Pacheco Ministres d'Espagne, pour résoudre sur la maniere d'empêcher la jonction de la Flotte Françoise avec celle des Turcs, commandée par le Bacha Ruyten, qui étoit déja devant Naples. Il fut déterminé par un commun accord entre ces trois personnes, que Mormile se serviroit de ces seins en blanc du Roi de France pour écrire à Ruyten, que par des Evénemens survenus il étoit impossible à l'Armée Françoise de se joindre cette année à celle des Turcs ; que par conséquent Rusten pouvoit se retirer à Constantinople : ce qu'il fit sur la foi de ces Lettres, & trompa ainsi l'attente du Prince de Salerne, qui quatre jours après arriva auprès de Naples avec l'Armée de France, dans la supposition qu'il y rencontreroit Rusten ; de sorte que par toute cette manœuvre les projets des François s'évanouirent cette Campagne. C'est ainsi que Lazzari le rapporte. (1).

(1) Guerres d'Albert Lazzari.

§ Les Partisans de France contrefi-
rent un Ordre de l'Empereur Léopod,
qui défendoit au Général Montecuculi de joindre ses Troupes avec celles de l'Electeur de Brandebourg. Ce
faux Ordre fut envoïé à Montecuculi, qui s'excusa auprès de l'Electeur,
lorsque ce Prince le pressa peu après
d'accelerer cette jonction ; parce que
Montecuculi sur la foi de cet ordre
supposé, croïoit que l'intention de
l'Empereur n'étoit pas de donner du
secours à l'Electeur. Ce fait est ainsi
rapporté dans la Vie de Charles V.
Duc de Lorraine, ou dans celle du
Vicomte de Turenne, & il en est fait
mention dans le Livre intitulé, *l'Empereur & l'Empire trahi.*

Si les Gués d'une Riviere, que les
Ennemis doivent passer, sont aisés à
garder avec peu de Troupes, à cause
de sa rapidité, de sa profondeur & de
son mauvais fond ; ou parce que ces
gués sont peu éloignés les uns des autres (car ce n'est que dans ces circonstances, que vous devez penser d'en
empêcher le passage à l'Armée ennemie) ; dans ce cas envoïez des Détachemens, qui se retrancheront au-de-
vant de ces Gués, qui y dresseront

de bonnes Batteries , & qui se tiendront de pied ferme chacun dans son
Poste, quand même ils apprendroient,
que les Ennemis en attaquent un autre. Pour le secours des Postes attaqués , conservez un Gros de Troupes , dont la plus grande partie sera
de Cavalerie , afin qu'elle accoure plus
promptement où le besoin l'exigera.

Il faut indispensablement dans cette
entreprise avoir parmi les Ennemis des
personnes affidées , qui vous donnent
des avis exacts sur le nombre & sur la
destination précise de chaque Détachement que les Ennemis font ; afin
de n'être pas trompé par les ruses ou
par les apparences. Autrement par une
fausse marche ils vous appelleroient
loin du Gué qu'ils prétendent forcer ;
& ils le passeroient encore avec plus
de facilité , si vous aviez éloigné ce
Corps de réserve, que je viens de proposer pour accourir où il sera nécessaire. Lorsque la Riviere est navigable , vos Bâtimens armés ne cesseront
de la courir ; afin d'observer ce qui se
passe , pour vous en donner avis , &
s'opposer au passage des Ennemis.

¶ C'est en mettant en usage toutes les
précautions , dont je viens de parler,
que

que le Comte Maurice de Naſſau empêcha le paſſage de l'Yſſel & du Waal
aux Troupes de l'Archiduc Albert &
de Philippe III. Roi d'Eſpagne com-
mandées par le Marquis Ambroiſe Spinola. (1).

Si les Ennemis veulent tenter de
jetter un Pont à votre vûë, tâchez
de les empêcher de s'approcher
du bord par le feu de vos Batteries & de votre Infanterie retranchée.
Les Mouſquets de Biſcaye ſont d'un
grand ſervice dans cette opération.

Pour éviter enſuite, qu'ils ne s'éta-
bliſſent ſur votre bord, faites de continuels Détachemens pour attaquer
les Soldats ennemis, à meſure qu'ils
auront paſſé. Tenez un peu loin le
Gros de vos Troupes, que vous n'aurez
pû couvrir ; autrement elles ſeroient
trop expoſées au feu du Canon & du
Mouſquet des Ennemis, qui ſans doute ſe feront auſſi retranchés de leur côté. Il faut néanmoins, que ce Gros de
vos Troupes ſoit à une diſtance convenable pour ſoutenir les Détachemens.

Si malgré tous vos efforts ils réuſ-

(1) Bentivoglio, Hiſt. de Flandres.

sissent à se fortifier sur votre bord, battez leur Ouvrage avec toute votre Artillerie ; & pour empêcher, qu'ils ne le mettent en un meilleur état de défense, ou qu'ils ne l'étendent davantage, afin de couvrir un plus grand nombre de leurs Troupes, réïterez les Assauts, pour obliger l'Avant-Garde des Ennemis à repasser la Riviere, ou à se jetter dans leurs Bateaux. Retranchez-vous alors sur le Terrain qu'ils occupoient, s'il vous paroît convenable, ou un peu plus en arriere, en ruinant leur travail.

Cette attaque se doit faire de nuit, afin d'être moins incommodé par le feu des Batteries & des Retranchemens, que les Ennemis ont sur l'autre bord. Construisez aussi la nuit des Batteries, qui, s'il est possible, flanqueront celles des Ennemis & leurs Retranchemens, & qui tireront aussi sur les Pontons que les Ennemis jettent dans la Riviere pour la construction de leur Pont, qu'il faut encore tâcher de rompre par les Machines, *Voyez C. 15.* dont je parlerai dans la suite.

Si, nonobstant vos nouveaux efforts, les Ennemis ont étendu leur Ouvrage, & y ont logé leur Armée, cam-

nez un peu plus loin de la portée de
leur Canon, pour les charger, lorſqu'ils
défileront en ſortant de leur Retranchement ; ſuppoſé qu'ils n'aient pas
pas pris auparavant la précaution de
le ruiner & de l'applanir. Quand même ils l'auroient priſe, attaquez-les,
ſi entre leur Retranchement & la Riviere, il n'y a pas l'eſpace convenable pour ſe mettre en ordre de Bataille, & pour former librement les
Lignes. Tout cela doit s'entendre dans
la ſuppoſition, que vous n'êtes pas
exceſſivement inferieur en Troupes.

¶ L'Armée de Louis XII. Roi de
France jetta un Pont ſur le Garillan, & ſe fortifia ſur l'autre bord de
cette Riviere. L'Armée d'Eſpagne,
commandée par le grand Capitaine,
quoique beaucoup plus foible, vint
ſe retrancher à la vûë des François,
qui n'oſerent ſortir de leur Camp fortifié. C'eſt dans cette occaſion que ce
Général n'aiant pû empêcher ce paſſage, adreſſa ces héroiques paroles à
ceux des ſiens, qui lui conſeilloient
de ſe retirer. *J'aime mieux,* leur
dit-il, trouver mon Tombeau, en ga-
gnant un pied de terre ſur l'Ennemi,
que prolonger ma vie de cent années, en

reculant de quelques pas. (1).

§ Polybe blâme les Consuls P. Furius, & Caius Flaminius, de ce que dans un Combat contre les Gaulois en Lombardie ils avoient apuié la queuë de l'Armée contre la Riviere ; de sorte que si les Romains étoient mis en désordre, ils n'avoient pas de terrain pour se rallier, & étoient forcés de se jetter dans l'eau. (2).

Le danger, qu'il peut y avoir à camper près des Ennemis, lorsqu'on se trouve inferieur en Troupes, est que leur Armée en observant un grand silence, peut, à la faveur de la nuit, sortir de son Retranchement, se ranger en Bataille, & s'avancer pour prendre tout le terrain, qui lui est nécessaire. C'est ainsi que le Prince Eugene de Savoye l'exécuta pour la Bataille de Belgrade.

Il me paroît pourtant difficile, que par vos Espions ou par les Partis, que vous faites avancer la nuit pour reconnoître, vous ne soiez pas averti, que l'Armée ennemie sort de sa Ligne, & que vous n'en aiez pas avis assez tôt pour la charger, lorsqu'elle défile. Or

(1) Guichardin, Hist. d'Italie.
(2) Frache... semin. des Gouvern.

Il eſt à ſuppoſer, que, les Armées étant à ſi peu de diſtance entr'elles, la vôtre doit être prête de marcher d'un moment à l'autre; & ſi vous réuſſiſſiez à tomber la nuit ſur cette partie de Troupes, qui eſt déja ſortie de ſon Retranchement, il eſt certain que celles, qui reſtent encore dans la Ligne, n'oſeroient faire feu, ou qu'ils tueroient autant de leurs Soldats, qu'ils tueroient des vôtres.

J'ai fait voir en traitant des *Paſſages des Rivieres*, que bien loin de permettre aux Ennemis de ſaigner la Riviere, qu'ils veulent paſſer à gué, il vous feroit avantageux d'y faire décharger quelques autres Courans d'eau.

Qu'il eſt important de retirer les Batteaux de cette partie de la Riviere, que vous ne commandez pas; parce que les Ennemis les enleveroient & s'en ſerviroient.

Que ſi les Ennemis paſſent en un même tems la Riviere par differens Gués éloignés les uns des autres, vous devez attaquer quelqu'un de ces Corps.

Que ſi entre l'un & l'autre de ces Gués il y a un étroit Defilé, vous devez le fortifier & le garder, afin d'eviter, qu'une partie des troupes des Ennemis

Des occaſions où il faut tâcher d'éviter le Combat. C. 3.

ne vienne au secours de celles que
vous chargez.

Que si les Ennemis, faute de Ponts,
de gros Batteaux ou de bons Gués,
font passer la Riviére à leur Artillerie, loin de l'endroit où leur Armée
la passe, il faut envoyer à la dérobée un Détachement supérieur à l'Escorte de cette Artillerie; afin d'enlever les Canons, les faire conduire
par un chemin, où il ne soit pas possible à l'Armée ennemie de couper le
Détachement.

CHAPITRE V.

Comment on peut empêcher l'entrée
des Ennemis dans un Etat, en
ruinant tout le Païs tant ami
qu'ennemi, par où ils doivent
tenir leur marche.

IL peut arriver, que sur la
route, que les Ennemis ont
à tenir dans leur marche,
pour entrer dans votre Païs,
ils n'ont ni Défilés ni Riviéres à passer. Il se peut aussi, que vous ne

vous trouviez pas en situation de fortifier & de garder ces Passages ; parce
que vous n'avez pas assez de Troupes ; ou parce que les Ennemis ont
fait avancer à bonne heure un Détachement, qui les est venu occuper.
Par conséquent, si leur marche doit
être longue, & s'il n'y a qu'une seule
avenuë, qui n'ait que quelques lieuës
de front, ordonnez aux Habitans des
lieux ouverts de cette Contrée que
dans un certain tems prescrit ils aient
à se retirer à telles Places désignées
ou à une distance de tant de lieuës,
avec toutes leurs Familles, leurs Grains,
leurs Légumes, leur Huile, leur Vin,
leurs Troupeaux, leurs Charrettes,
leurs Bœufs, leurs Chevaux, leur
Foin, leur Paille, leurs Munitions &
leurs Armes. Donnez-leur ordre de
détruire tout ce qu'ils ne pourront
pas emporter ; de brûler les moissons
qui commencent à jaunir ; de coucher & d'abattre avec des Rateaux &
par les troupeaux de Bestiaux celles
qui sont encore vertes ; de détruire
les Fours & les Moulins ; de couper
les Ponts sur les grandes Riviéres ;
de rompre les Digues, qui peuvent
gâter les chemins, & retarder la mar-

che des Ennemis ; enfin s'il n'y a pas
d'autres eaux que celles des Mares
des Citernes & des Puits , prescrivez
leur de les corrompre , en y jettant
dedans des Corps de Chiens & de
Chevaux morts , d'en ôter les Cordes & les Sceaux , sans pourtant em-
poisonner ces eaux par quelque poi-
son caché : action qui n'est jamais per-
mise , & qui a été déclarée indigne
par Charles V. même contre l'Infidéle
Barberouse , par Fabrice contre Pyrrus , & par Tibere contre Arminius
(1).

Si ces ordres s'exécutent exacte-
tement , il est impossible , que les
Ennemis fassent plusieurs marches
dans ce Païs ; parce qu'une Armée,
quelques charrois qu'elle puisse avoir,
est continuellement obligée de remplacer dans les lieux, par où elle passe, certaines Provisions , qui se font consu-
mées , & qui manquent , ainsi qu'on
peut le voir par les exemples suivans.

¶ Diodore de Sicile parlant du Conseil, que Darius assembla pour prendre des mesures contre l'entreprise
d'Alexandre , dit , que *Memnon le*

(1) Epitome de Don Antoine de Vera-
Tite-Live , Histoire Romaine , & Tacite An-
Rhodien-

Rhodien, Capitaine celebre, fut d'avis de ruiner le Païs par où les Macedoniens devoient passer, & de les empêcher ainsi de s'avancer davantage faute de Vivres: Le conseil de ce Capitaine, ajoûte-t'il*, étoit fort sage, comme les suites les firent voir; mais il ne fut pas suivi, &c.* (1).

¶ César avoit coûtume de dire, qu'il agissoit contre les Ennemis comme les Medecins en usent à l'égard des Malades. Qu'il valoit mieux les vaincre par la faim que par le fer (2).

¶ Izate, Roi des Adjabeniens, pour se préparer à la Guerre, dont Vologese, Roi des Parthes, menaçoit son Païs, fit retirer tous les grains dans les meilleures Places & brûler tous les Fourages de la Campagne, dont Vologese auroit pû profiter (3).

¶ Loüis XIV. Roi de France, brûla toute l'Alsace, pour arrêter la marche de l'Armée, que Charles V. Duc de Lorraine commandoit (4).

¶ L'Empereur Henri III. marchant pour la seconde fois contre la Hon-

(1) Diodore de Sicile, l. 17. c. 5.
(2) Frontin, l. 4. c. 7.
(3) Joseph Antiquités des Juifs.
(4) Vie de Charles V. Duc de Lorraine.

grie , où regnoit André premier , fut contraint de s'en retourner au plûtôt ; parce que les Hongrois , qui avoient abandonné tout le Païs, par où l'Armée Imperiale devoit paſſer , réduiſirent à la derniere extrémité cette Armée, faute de ſubſiſtance (1).

¶ Soliman II. ne pût pas continuer ſon entrepriſe contre les Perſes ; parce que Tacmas, leur Roi , avoit donné ordre de ne rien laiſſer à la Campagne ni dans les lieux par où Soliman devoit paſſer ; deſorte que l'Armée des Turcs ne trouvant pas le néceſſaire pour ſubſiſter , fut contrainte de ſe retirer (2).

¶ Corbulon , pour empêcher Vologeſe d'entrer dans la Sourie , détruiſit les eaux de certains Poſtes ſur la route qu'il penſoit que Vologeſe pourroit prendre ; afin que cette diſette d'eau obligeât Vologeſe de ne pas continuer ſa marche (3).

¶ M. de Julien , Général François, ordonna de rompre les Fours & les

<hr>

(1) Foreſti Mappe-monde Hiſtor.
(2) Suarez , Hiſt. des Emp. Ottom.
(3) Tacite Annal. Frach. c. 50.

Moulins des lieux ouverts, d'où les Fanatiques du Languedoc tiroient du Pain ; & fit retirer dans les Places les Armuriers, les Maréchaux, les Selliers & autres gens de métier, dont les Fanatiques pouvoient tirer quelque service ; afin qu'en manquant ainsi de tout, ils fussent forcés d'abandonner la Campagne, qu'ils avoient tenu jusqu'alors.

Il faut pourtant observer, qu'il ne seroit pas à-propos, que les Habitans des lieux qu'on abandonne, se retirassent dans les Places de Guerre, exposées à un Blocus ; à moins qu'ils ne portassent avec eux une abondante Provision de Vivres.

Des disposi-
tions après la
Bataille. c. 7.
§. 7.

Afin que les Habitans obéissent aux ordres, dont je viens de parler, offrez leur par ces mêmes ordres d'augmenter leurs Priviléges ; de rebâtir les maisons, que les Ennemis détruiront ; de les dédommager abondamment de la perte qu'ils feront & des frais du transport. Promettez leur encore de leur fournir les moïens de vivre commodément dans les Places & dans les lieux éloignés, où vous leur ordonnez de se refugier. En effet, le Prince à cet égard doit en justice

§. II.

& en confcience, leur tenir parole.

D'un autre côté menacez-les de brûler leurs Villages, & de les traiter comme Ennemis, s'il y a le moindre rétardement dans l'exécution exacte de ces ordres. Il n'y aura peut-être point d'inconvénient, que ces ordres foient portés par des Officiers, qui publieront, que les Ennemis ont réfolu de mettre tout à feu & à fang, ni d'envoier enfuite, après le terme prefcrit par ces ordres, des Partis, pour châtier ceux qui n'auront pas obéi, & pour brûler toutes les Provifions & les Denrées, qu'on pourroit encore y trouver.

§ Loüis XIV. Roi de France, pour ôter le moïen de fubfifter aux Fanatiques, qui tenoient la Campagne, obligea toutes les familles de 54 Paroifses de fe retirer dans des lieux de défenfe, leur aiant offert de leur donner la fubfiftance & le logement, que réellement on leur donna, comme fi c'euffent été des Troupes.

§ Lorfqu'Archidame, Fils de Zeuxidame, Roi de Lacedemone, tâchoit de perfuader aux Platéens de quitter le Parti d'Athenes & d'abandonner leurs terres, il leur tenoit ce difcours. Remettez-nous à nous autres Lacedemoniens votre Ville & vos Maisons. Montrez-nous quels sont les confins de vos terres. Comptez-en les arbres & tout ce qui merite d'être compté. Choisissez vous mêmes les lieux où vous voulez vous retirer pendant la Guerre ; & nous nous obligeons après la Guerre finie de vous rendre & de vous restituer toutes choses. En attendant nous cultiverons les champs de notre territoire, & nous vous ferons part de tous les fruits, qui seront nécessaires pour votre subsistance (1).

Dès que le terme du tems prescrit aux Habitans pour se retirer dans les lieux que vous leur avez designés, & pour détruire ce qu'ils ne peuvent pas emporter, sera passé ; detachez des Partis, qui ruinent & qui brûlent tout ce qui pourroit servir à l'Armée ennemie. Mettez à la tête de ces Partis des Officiers, qui aient beaucoup d'honneur & de fermeté autrement subornés par argent ou attendris par les pleurs des Habitans ils exécuteront mal vos ordres.

Si le retardement de l'arrivée des

§. III.

Des premieres démarches d'un Général. c. 23. & suivans.

______
(1) Thucydide Hist. l. 2.

Ennemis donne encore quelque tems, vos Partis commenceront à mettre à exécution votre ordre. Ils y sur-feoiront enfuite pendant quelques jours ; afin que les Habitans , qui n'auront pas encore mis leurs effets en fûreté , le puiffent faire , dans ce court efpace de tems, en voïant qu'il n'y a plus moïen de reculer.

§. IV.
Des Difpofi-tions avant la Guerre , c. 25. De la Guerre offenfive , c. 12.

J'ai dit ailleurs par quelles voïes on peut mettre un Corps de Trou-pes en Campagne avant les Ennemis. J'ajoûte , que fi vous y réuffiffez , vous devez d'abord penetrer , le plus avant que vous pourrez, dans la Pro-vince ennemie par le même chemin', que les Ennemis ont à tenir , en ve-nant dans les Etats de votre Souve-rain ; afin de détruire & de brûler tout ce que vous ne pourrez pas em-porter dans vos Places. Cette incur-fion n'eft pas bien difficile, lorfque les Ennemis n'ont pas encore reçu les Troupes , qu'ils attendent de l'autre côté de la Mer, ou de quel-ques Roïaumes confédérés fort éloi-gnés.

§ Don Alfonfe VII. Roi de Caf-tille , apprit , que Juphet fe prépa-roit en Afrique , pour venir débar-

quer en Andalousie avec 70 mille
Hommes de Cavalerie, & encore un
plus grand nombre d'Infanterie, &
qu'il devoit être soutenu par les Rois
Maures, qui possédoient l'Andalousie. Sur cet avis Alfonse entra dans
le Roïaume d'Andalousie, ravagea
& brûla tout le Païs voisin des Ports,
où il étoit plus vraisemblable, que Juphet débarqueroit. L'Africain y prit
terre ; mais n'aïant pas trouvé dequoi
y faire subsister son Armée, il échoüa
dans son entreprise, & perdit l'esperance de conquerir les terres, que
les Catholiques possédoient en Espagne (1).

§. V.

Si les Ennemis ne peuvent entrer
dans vos Etats, que par un seul morceau de Païs neutre, qui se trouve
entre vos Provinces & celles des Ennemis, il y a deux choses à consi-
derer, pour savoir si vous pouvez
exécuter dans ce Païs neutre ce que
je viens de vous conseiller de pratiquer dans le votre. La premiere est
d'examiner si le droit le permet. La
seconde, si la bonne Politique l'exige.
Comme ce n'est pas à moi à discuter

(1) Saabreda Couron. Goth.

E iiij

la premiere, je dirai seulement en passant, que si les Ennemis font de ce Païs neutre un Passage pour venir occuper mes terres, je pourrai aussi emploïer dans ce Païs les moïens propres pour me les conserver ; de la même maniere que pour sauver mon Vaisseau je puis couper les cables & les vergues d'un autre, qui s'est embarassé avec le mien ; ou de même que si le feu prenoit à un Pont de bois, voisin de maison, je pourrois le couper, quoiqu'il soit au Public, afin d'éviter que ma maison ne brûle. Tout au plus je pourrois être obligé à païer le dommage, comme votre Souverain pourra aussi le païer au Prince Neutre, pour en éviter de beaucoup plus grands, que l'Armée ennemie lui causeroit en entrant dans ses Etats. Je crois néanmoins, qu'on est indispensablement obligé de donner, en attendant ce dédommagement, les moïens de subsister aux Habitans du Païs neutre que vous ruinez ; & de prendre avec le Prince des mesures convenables pour ne pas l'irriter, en tâchant de le convaincre, que ce n'est que par nécessité que vous avez été forcé de désoler cette partie de ses Etats. Si ces mesures, que vous avez prises ne suffisent pas pour l'appaiser, il reste à examiner en bon Politique, s'il y a plus d'in- convénient à l'irriter, qu'à ne pas exécuter ce que vous avez projetté. Sur cet examen je renvoie à ce que j'ai dit, en traitant de la *Guerre of- fensive*, Chap. 26. §. 5.

CHAPITRE VI.

Suite des Précautions à prendre, afin que les Ennemis faute de Vi- vres ne puissent pas entrer ou se maintenir dans votre Païs.

IL se peut, qu'après même avoir pris les précautions, que nous venons de pro- poser, les Ennemis s'opiniâ- trent à vouloir pénetrer dans vos Etats. Dans ce cas campez, à la fa- veur des Riviéres & des Montagnes, dans des endroits, où vous puissiez empêcher, que les Partis ennemis ne s'étendent vers le Front ou vers les Flancs, pour tirer des Vivres & des §. I.

Fourages du Païs, où il peut en être resté. Rompez les Ponts & les Chemins, qui sont entre les Ennemis & ce Païs. Disputez à l'Armée ennemie les Passages difficiles, & emploiez toute sorte de moïens pour la détenir dans le Païs desolé ; afin que si elle ne se retire pas, elle perde beaucoup d'Hommes & de Chevaux par la disette des Vivres & des Fourages : Car le Soldat, qui ne peut pas souffrir l'extréme cherté, deserte ; & il tombe malade, lorsque les Vivres, dont même il a faute, sont mauvais.

Lorsque vous apprenez par vos Espions la route que tient un Convoi, qui vient aux Ennemis, & quelle est son Escorte ; donnez quelque chose à la fortune, pour tâcher de le couper, principalement si les Ennemis se trouvent dans une extréme besoin de Vivres. On peut y réussir par quelque Embuscade ou par quelque Stratagéme, qu'un Général habile & intelligent peut imaginer selon les circonstances.

§ Quintus-Fabius Maximus, après avoir fait transporter tous les Vivres & les Fourages du Païs, par où l'Armée d'Annibal devoit passer, campa toûjours dans des Postes avantageux à la vûë de cette Armée ; afin d'incommoder delà les Partis, qu'Annibal pourroit détacher pour aller chercher des Fourages & des Vivres : ce qui obligea les Carthaginois de se retirer à Caselin, pour éviter que les Hommes & les Chevaux ne mourussent de faim. C'est ainsi que le rapporte Tite-Live dans son *Histoire Romaine*, & que le Prince d'Orange l'a observé dans son *Annibal & Scipion.* Tite-Live ajoûte, que le Consul Paul Emile avoit voulu suivre cette même conduite de Fabius Maximus ; mais que Terence, Varron, l'autre Consul, ne fut pas de ce sentiment ; desorte que l'Armée Romaine fut battuë à Cannes, dans un tems qu'Annibal, n'imaginant plus aucun moien de pouvoir faire subsister ses Troupes, étoit sur le point d'abandonner l'Italie.

§ Melec Sala, Général des Sarrazins, aiant occupé les Passages par où l'Armée de S. Loüis, Roi de France, pouvoit recevoir des secours de Vivres, causa parmi les Troupes Chrétiennes une si grande famine, qu'elle fut suivie de la Peste, qui fit perir beaucoup de monde , & obligea le reſte de cette malheureuſe Armée de ſe retirer vers Damiete. Melec l'attaqua dans ſa retraite , il la battit , & fit Priſonnier le Roi S. Loüis & ſes deux Freres Charles & Alfonſe (1).

¶ Le Prince Charles de Lorraine commandoit ſur le Rhin en 1676. les Troupes de l'Empereur , qui avoit promis de le ſoutenir, juſqu'à ce qu'il l'eut mis en poſſeſſion des Païs que la France avoit pris ſur Charles IV. ſon Oncle. Dans cette eſperance le Prince s'avança avec l'Armée Imperiale juſqu'à Mouſon , portant pour deviſe dans leurs Drapeaux : *Maintenant ou jamais.* Mais le Maréchal de Crequi , en coupant ſeulement les Vivres & les Convois au Prince, l'obligea de ſe retirer , ſans avoir fait cette Campagne aucune Operation d'importance (2).

¶ Paul Vitelli , Général des Troupes de Florence, détruiſit , peu à peu, l'Armée Venitienne , commandée par Charles des Urſins , en lui rendant les Vivres difficiles ; ce qui le força enfin d'abandonner le Païs. (3).

(1) Foreſti , Mappe-Mond. Hiſt.
(2) Abregé de la Vie de Loüis XIV.
(3) Guichardin , Hiſt. d'Italie.

CHAPITRE VII.

*Par quels moïens on peut délivrer
son Païs des insultes des Partis
ennemis & des Troupes de Voleurs, qui prennent le nom de
Partisans.*

I L y a des Etats, qui ont
toûjours les mêmes Fron-
tieres ; parce que le nombre des Places extrêmement
fortes, la disette d'eau & de Fourages dans les environs, & le mauvais
air ne permettent pas aux Armées d'y
camper plusieurs jours, & par conséquent d'y faire des conquêtes, qui
d'ailleurs seroient peu utiles à cause
de la pauvreté du Païs. Par ces consi-
dérations ni l'un ni l'autre des deux
Princes ne porte le Gros de ses Armes de ce côté là : mais les Garnisons
des Places font des incursions pour enlever des Troupeaux, ou faire des
Prisonniers.

Afin de vous défendre contre ces
hostilités, construisez, sur les Rochers

ou sur les Postes forts de cette frontiere, des Tours, dont chacune pourra découvrir celles de sa droite & de
sa gauche. On se servira pour monter
à la Tour d'une Echelle, qu'on retirera par dedans ; afin que trois ou
quatre Hommes, qui auront des Vivres, des Grenades, de la Poudre &
des Balles, soient en sûreté contre
tout Parti ennemi, qui n'aura pas de
l'Artillerie, ou qui ne peut pas s'arrêter pour miner la Tour. Pour éviter,
que les Ennemis ne réussissent à miner ces Tours, il seroit bon qu'il y eût
en dedans quelques grosses pierres,
afin de rompre les panches, dont le
Mineur se serviroit pour se couvrir.
Ce seroit encore mieux de se prému-
nir de quelques Bombes, qu'on des-
cendroit avec une corde, après y avoir
mis le feu ; afin de les faire crever à côté de ces Planches.

Lorsque la Garde de quelqu'une
des Tours voit, ou apprend par les
Passans, qu'il y a quelque Parti des
Ennemis en Campagne, elle fait un
signal, qui est répété successivement
par les autres. Ces signaux doivent
être différens, afin de désigner vers
quel côté marchent les Ennemis, &

le nombre des Hommes, dont le Parti
est composé, en les comptant & les
distinguant par cinquante ou par cent.
De cette maniere l'avis se répandra en
peu de momens de l'un & l'autre côté
dans tous les Quartiers, & dans toutes les Places, qui doivent veiller à
la sûreté du Païs. Quand les Habitans
sont affectionnés, ils gardent eux-mêmes les Tours : mais si leur fidelité est
suspecte, on les fait bâtir à leurs dé-
pens, & on y met une Garnison d'Infanterie.

S'il y a quelques Tours, qui, à cause des Montagnes ou des Bois, ne
soient pas assez hautes, pour qu'on
puisse découvrir des unes aux autres
les signaux qu'on fait avec des fumées
ou avec des Flambeaux, il doit y avoir
des Fusées volantes, qui tirées du
haut des Tours s'éleveront assez pour
être vûës. Le nombre des Flambeaux
& des Fusées, & les intervalles des
uns aux autres distingueront les différens avis, qu'on donne ordinairement
aussi avec de petits Canons, ou avec
des Pierreries, qu'il y a dans ces
Tours, & qui servent pour favoriser
un Parti de Cavalerie, qui vient se
mettre à l'abri de ces Tours, lorsqu'il

est chargé par un Parti ennemi supérieur. Il seroit pourtant beaucoup mieux dans ce cas, qu'il y eût au pied des Tours une petite enceinte de muraille avec des Embrasures.

§ Ces Tours tout le long de la Frontiere rendent en Portugal les incursions extrêmement difficiles; parce qu'en demi-heure de tems l'avis parvient à plusieurs Places. Dans une grande partie de la Côte de Catalogne, de Sicile, de Sardaigne & de quelques autres Provinces de la Méditerranée, il y a de ces Tours le long de la Mer pour donner l'allarme, lorsque les Maures ou autres Ennemis débarquent derriere quelque petite Isle ou quelque Cap.

Si les signaux, dont nous venons de parler, ne suffisent pas pour avertir assez clairement de ce qui se passe, il y aura au pied de chaque Tour deux Cavaliers, Dragons ou Païsans à Cheval, qui par des sentiers cachés, par où il est difficile de rencontrer les Ennemis, iront à grand pas porter aux Places la nouvelle qu'il importe de leur faire sçavoir. Ænée dans son *Commentaire Poliorcétique* propose la même chose en traitant des Sentinelles, qu'il

veut

veut, qu'on mette de jour sur les hauteurs; afin qu'elles découvrent de fort loin toute Troupe des Ennemis, qui viendroit pour surprendre la Place ou pour commettre quelque autre désordre.

Il faut changer fort souvent les signaux des Tours; parce que les Ennemis, qui auroient observé ce qu'ils signifient, vous donneroient continuellement de fausses allarmes en vous envoïant de petits Partis, qui feroient auprès de ces Tours les mêmes signaux; ou parce que les Ennemis, en entrant effectivement avec un Détachement dans votre Païs, pourroient faire des signaux contraires & donner à entendre des choses entierement différentes de celles, dont la Garnison de la Tour voudroit instruire par ces signaux. Faites attention à l'exemple, qui suit.

¶ Les Lacédémoniens assiégeant Platée firent des feux, qui signifioient, qu'ils demandoient aux Thébains du secours contre une sortie de la Place. Les Platéens éleverent peu à près d'autres feux, qui marquoient, que ce secours n'étoit pas nécessaire. Les Thébains ajoûterent foi à ces derniers

ſignaux , du moins , dans le doute ,
où ces ſignaux contraires les avoient
jettés , ils ne vinrent point au ſecours
des Thébains. (1).

Vous me direz ſans doute , que les
Partis ennemis pourront en ſilence pendant la nuit paſſer entre les Tours. Je
réponds , qu'il ne ſera pas toûjours en
leur pouvoir de meſurer le tems ſi
juſte , que dans la grande diſtance ,
qu'on découvre de ces Tours , on
ne puiſſe appercevoir le Parti , ou
du moins quelques-uns des Soldats ,
qui ſe feront avancés , ou qui ſeront demeurés un peu en arriere.
D'ailleurs les Dragons ou les Cavaliers ,
que j'ai propoſé de mettre au pied de
ces Tours , peuvent aller en Patrouille d'une Tour à l'autre. Il s'échape
auſſi toûjours quelque Berger ou quelque Païſan , qui vient donner avis
aux Tours de l'incurſion des Ennemis.

M. De Ville dans ſes inſtructions
aux Gouverneurs des Places frontieres , pour délivrer le Païs des courſes des Ennemis , leur donne les avertiſſemens ſuivans : mais comme cet

______

(1) Polien Maced. Stratag. de Guerre &
Thucydide Hiſt. L. 3.

Ecrivain s'étend peu fur cette matiere, fans donner aux regles qu'il propofe les exceptions néceffaires, j'ajoûterai mes réflexions à ce qu'il enfeigne
à ce fujet.

Que les Détachemens des Garnifons,
dit De Ville, *aillent en droiture fe mettre en Embufcade fur le chemin de la
retraite des Partis ennemis.*

Il eft à fuppofer, que De Ville n'entend parler que dans le cas, où les Détachemens, qui font trop éloignés, ne
fçauroient arriver affez tôt pour empêcher, que les Partis ennemis n'enlevent les Troupeaux de la Campagne,
ne pillent les Villages, n'attaquent un
Convoi, ou ne brûlent les moiffons :
car autrement prefque tout le dommage, qu'ils pourroient caufer, feroit
déja fait. D'ailleurs il n'eft pas aifé de
fçavoir par quelle route les Ennemis
fe retireront ; parce que des Partifans
marchent par les bons & les mauvais
chemins. Ils portent de petits Ponts
de toile, pour faire paffer à leur Infanterie les Rivieres peu larges. Leur Cavalerie les traverfe à la nage, quand
le courant n'eft pas trop rapide, & que
les bords font acceffibles pour y entrer & en fortir. Enfin il n'y a point de

Partifan aſſez ſot pour ſe retirerpar le même chemin qu'il eſt entré.

Il peut cependant arriver, que vos Places ſoient tellement ſituées, vos Villages ſi forts & vos Rivieres ſi rapides & ſi profondes, que vos Partiſans n'aïent qu'une ou deux routes à tenir dans leur retraite. En ce cas, comme auſſi dans celui, où il n'eſt pas poſſible d'empêcher le premier coup de main, le conſeil de M. De Ville n'a aucun inconvénient. Il ſera encore plus aiſé de l'exécuter, lorſque ſur ces Rivieres, qui ne ſont pas guéables, vous avez des Bacs & des Ponts, qui vous abregent le chemin; ou lorſque maître de la Mer vous avez des Bâtimens, qui, en traverſant par le milieu d'une Rade, peuvent porter des Troupes dans l'endroit, où les Ennemis ne ſçauroient ſe rendre que par un demi Cercle, que fait la Côte : principalement ſi vous traverſez cette Rade de nuit, pour dreſſer une Embuſcade aux Ennemis, ſans qu'ils en aient connoiſſance. On trouve ces mêmes avertiſſemens dans le *Commentaire Poliorcetique* d'Ænée Tactique.

De Ville propoſe de *cacher l'Infanterie à l'entrée des Bois, & la Cavale-*

rie à la sortie. Comme il ne s'explique pas assez sur ce point, je renvoie à mon Traité des *Embuscades.*

S'il y a, ajoûte De Ville, *une grande distance entre une Place & l'autre, mettez dans les lieux de défense, qui se trouvent entre deux, quelques Détachemens de Cavalerie ou de Dragons, & armez tous les Habitans ; afin que les uns & les autres courent sur les Partis ennemis. Si vos Détachemens & vos Habitans armés sont moins forts, ils suivront de loin les Partis ennemis, jusqu'à ce qu'ils donnent dans votre Embuscade ; afin de les attaquer en Queüe, tandis que vos Troupes de l'Embuscade les chargeront de Front & en Flanc.* De Ville veut encore, que les Habitans des petits lieux ouverts se retirent dans des Villes fermées.

Enfin il vous conseille de *tâcher par avance de sçavoir par vos Espions, le nombre des Soldats du Parti, que les Ennemis détachent de leur Camp ou de leur Place, & pour quelle entreprise ce Détachement se fait ; parce que sur cet avis anticipé on a le tems d'assembler les Troupes nécessaires pour aller à la rencontre de ce Parti, & l'attendre dans le Poste, qui vous paroîtra le plus favorable.*

Le conseil est fort utile : mais il n'est pas aisé de pouvoir être prévenu par les Espions du dessein des Ennemis ; parce qu'ordinairement le Général ne donne l'Ordre que de bouche & tête à tête à celui, qui doit commander le Parti. On peut pourtant réussir quelquefois à pénétrer ce secret, lorsqu'on a auprès du Général une personne avec qui on est en intelligence. Voïez sur ce point mon Traité des *Espions.*

Des Révol-
des C. 5 §6. 3

Rien ne sert davantage contre les Embuscades des petits Partis & des Païsans ennemis, que de couper les Arbres, de brûler la Broussaille & d'abatre les Edifices abandonnés, qui se trouvent à droite & à gauche à la portée du Fusil des chemins les plus fréquentés.

Avant que les Etrangers commencent à venir pour quelque grande Foire, jusques à ce que, la Foire finie, ils se soient tous retirés, mettez en mouvement plusieurs Patrouilles de Cavalerie, qui battent les chemins & empêchent les vols. C'est ainsi que je le vois actuellement pratiquer dans le Piémont pendant la Foire d'Alexandrie.

Si, à l'occasion d'une Foire, d'une

Fête ou pour quelque autre motif,
il doit y avoir quelque concours de
peuple si près de la frontiere, qu'il y
ait à craindre quelque Embuscade ou
quelque incursion des Ennemis ; il
faut, que vos Patrouilles outre les
chemins, battent les Bois, les Vallons
& les Ravins. Postez aussi de plus
gros Détachemens pour accourir, où
l'on apprend, que les Ennemis paroissent.

Tâchez d'établir avec le Commandant de la Frontiere ennemie, que de
part & d'autre on fera pendre tous les
Partisans qu'on pourra arrêter, quand
on les trouvera sans un Chef, qui ait
son Brevet d'Officier, ou un Ordre
par écrit. De cette sorte on évitera les
vols, les homicides & les cruautés
que les Païsans commettent sans aucune utilité pour leur Prince, dont
ils assassinent même les Sujets, lorsqu'ils les rencontrent dans les lieux à
l'écart ou mal peuplés. C'est ainsi que
sous le nom & la liberté des Partisans
ils s'érigent en Troupes de Voleurs,
& attribuent ensuite aux Ennemis les
infamies, & les meurtres qu'ils font ;
n'y aïant point de cruauté qu'ils n'e-
xercent à l'égard des Officiers, des

Soldats, des Païsans & même de leurs Concitoïens, qui ont le malheur de tomber entre leurs mains.

§ C'est par un accord semblable à celui que je viens de proposer, que Don Antoine de la Vega Gouverneur de Ciudad Rodrigo, & celui d'Almeyda exterminerent ceux, que sur la frontiere de Portugal on appelle *Rateros*, c'est-à-dire, Coupeurs de bourse, qui dans la derniere Guerre sous le nom de Partisans commettoient, sur les chemins toute sorte de vols, de meurtres & de brigandages.

CHAPITRE

CHAPITRE VIII.

Des Quartiers d'Hiver, & des Gardes avancées.

§. I.

CHAQUE Général d'Armée tâche d'être le dernier à prendre ses Quartiers d'Hiver; parce que celui, qui tient plus long-tems la Campagne, peut sans beaucoup d'opposition faire quelque petite entreprise, lorsque les Troupes ennemies se sont déja separées.

Deux choses peuvent contribuer à se maintenir en Campagne quelques jours de plus que les Ennemis. La premiere est, lorsque les Troupes de votre Armée, nées sous un climat plus rude, ou mieux accoûtumées à souffrir les injures de l'air, *V. Tome I page 360.* resistent sans une trop grande incommodité au froid, qui est insupportable pour des Ennemis, élevés dans des Provinces plus temperées, ou moins habitués aux souffrances de la Guerre.

La seconde circonstance nécessaire,

Tome X.   G

afin de tenir la Campagne plus long-tems que les Ennemis, est d'avoir des Fourages pour faire subsister la Cavalerie, lorsqu'il ne s'en trouve plus dans les Champs.

Il arrive néanmoins ordinairement, que les Troupes des deux Armées souffrent également du froid, & que les Fourages commencent à leur manquer presqu'en un même tems, vers la fin d'octobre : par conséquent, à moins qu'une des deux Armées n'ait des raisons très-importantes pour se maintenir plus de jours en Campagne, elles se separent comme d'un commun accord, & après avoir fait l'une & l'autre deux ou trois marches, elles prennent leurs Quartiers. Quelques autres fois les deux Armées conservent leur terrain, & elles détachent peu à peu un égal nombre de Troupes dans leurs Quartiers, jusqu'à ce qu'enfin chaque Corps d'Armée se separe.

Dans ce cas, dès que vous vous trouverez inférieur à l'Armée ennemie, conduisez la vôtre sous le Canon d'une de vos Places, derriere une Riviere, sur une Montagne, ou dans quelque autre en-

droit, où la situation du terrain sup-
plée à la quantité de monde ; ou
bien les premiers Corps, que vous
détacherez pour aller prendre leurs
Quartiers, regleront leurs marches à
proportion de celle des Troupes, qui
se separent de l'Armée des Ennemis ;
afin que le Général contraire ne se
trouve pas en état de joindre furtivement ses Troupes, pour vous charger le premier, avant que vous eus-
siez pû assembler les vôtres.

§ Arato, Préteur d'Acaye, &
Taurion, Gouverneur du Peloponèse
pour Philippe V. Roi de Macédoine,
aiant renvoié les Troupes d'Acaye
pour prendre leurs Quartiers, sans
avoir conduit le reste de l'Armée dans
quelque endroit fort par son assiette,
furent battus à la Bataille de Cha-
phies par Dorimarque & Scopas, qui
commandoient les Troupes d'Etolie
(1).

§ Gonzale Fernandez de Cordoüa
s'étant retranché auprès de la Riviere
du Garillan avec l'Armée Espagnole
inferieure à celle des François, s'y
maintint, jusqu'à ce que le Marquis

(1) Polybe, Hist. L. 4.

de Saluze, Commandant des Troupes de France, s'étant laissé fléchir aux inſtances de ſes Officiers, eût détaché la Cavalerie à différens Quartiers, afin qu'elle y ſubſiſtât plus commodément. Gonzale fit alors avec toute la diligence poſſible jetter un Pont à quelques lieuës au-deſſus du Camp des François. Aïant paſſé le Garillan, il enleva les Quartiers François les uns après les autres, défit le Gros du Marquis de Saluze, & ſe rendit maître abſolu du Roïaume de Naples. (1).

Les Troupes dans un Païs extrêmement chaud ont coûtume de ſe retirer dans des Quartiers de rafraîchiſſement, pendant les mois de Juillet & d'Août. Si vos Troupes ſont plus habituées à la grande chaleur que celles des Ennemis, vous pourrez tenir la Campagne durant ces deux mois ; afin de faire quelque entrepriſe en l'abſence de l'Armée ennemie : car ſi elle s'opiniâtre à vouloir demeurer campée, elle ſouffrira extrêmement, & ſera bientôt ruinée par les maladies.

Des Diſpoſitions avant la Guerre, C. 21. §. 4.

Quand on veut tenir la Campagne

(1) Pere Daniel, Hiſt. de la Milice Francoiſe.

par une chaleur exceſſive , on doit camper dans une expoſition fraîche & dans un Terrain aëré; changer ſouvent de Camp , afin d'éviter l'infection de l'air, & ces groſſes Mouches, qui déſolent les Chevaux. Il faut camper en Hyver avec le Front au Midi , où les Montagnes garantiſſent du vent du Nord. On doit choiſir le penchant des Collines ou un terrain pierreux & ſabloneux ; afin que les inondations , les eaux croupiſſantes & les bouës n'incommodent pas dans le Camp. On eſt indiſpenſablement obligé en Hiver de loger l'Armée ſous des Barraques & d'y enfermer les Chevaux ; autrement ils périſſent par le froid & les pluies.

La principale fin des Quartiers d'Hiver eſt de mettre une plus grande partie de Païs à couvert des Courſes des Ennemis, & d'avoir un Terrain plus étendu pour la ſubſiſtauce de vos Régimens , ſans qu'il en coûte tant au Prince , qui peut leur mettre à compte quelque choſe de ce qu'ils retirent des Quartiers où ils ſont. Pour moi je donnerois aux Troupes en Quartiers un tiers de plus de ce qui leur revient par leurs Paies ; & j'augmenterois ou

§. II.

De la Guerre offenſive , c. 12. §. 4.

je diminuerois ce surplus à proportion
du travail qu'elles ont à faire dans les
Quartiers, ou de la fatigue qu'elles
ont soufferte dans la précédente Campagne.

On charge d'un plus grand nombre
de Troupes les Quartiers qu'on prend
dans le Païs ennemi ; soit afin que plus
de Régimens profitent de cet avantage ; soit parce qu'aiant épuisé ce Païs
d'argent & de Vivres, il ne puisse pas
fournir aux Ennemis d'abondans secours.

Afin que la contribution des Quartiers dans le Païs ennemi soit plus considérable, ou moins onéreuse aux Peuples, qui doivent demeurer sous votre obéissance, comme aussi pour couvrir une plus grande étenduë de Frontiere, on embrasse le plus de Terrain,
que l'on peut ; sans néanmoins se dé-
partir de la maxime essentielle, qui
exige de ne pas tellement séparer les
Quartiers les uns des autres, qu'ils ne
puissent réciproquement se secourir
de la maniere, que je le dirai bientôt.

Chaque Quartier à proportion de
sa force doit avoir les Troupes nécessaires pour le défendre contre un coup

de main des Ennemis, en attendant, que celles des autres Quartiers accourent à son secours. En quoi il faut avoir égard à l'assistance, que des Habitans affectionnés peuvent donner; ou aux actes d'hostilité que ces mêmes Habitans, irrités contre vos Troupes, pourroient exercer contre elles, pendant que les Ennemis attaquent le Quartier.

Tout Quartier avancé sera composé d'Infanterie & de Cavalerie. La premiere de ces deux Troupes sert pour défendre le Quartier. La seconde sert pour les courses & pour le recouvrement des Contributions dans le plat Païs; & l'une & l'autre pour s'accompagner & se soutenir dans les differents terrains, où elles seront obligées de marcher & de combattre. J'avouë, que je ne comprends pas, pourquoi l'Infanterie, qui dans la Guerre est infiniment plus exposée à la fatigue & au peril, ne joüit que rarement de l'avantage des Quartiers.

On charge un Quartier de plus d'Infanterie ou de Cavalerie, selon que le Païs est plain ou montueux, sterile ou abondant, ou que les Troupes ennemies de cette Frontiere crai-

De la Guerre offensive. C. 10. §. 1.

gnent davantage la Cavalerie ou l'Infanterie.

Dans les Païs qui sont coupés par des Bois, des Montagnes, des Ravins & des Defilés, il seroit à-propos de donner à chaque Quartier une petite Troupe de Miquelets, ou autres Païsans de cette espece qui connoissent parfaitement le terrain, pour servir de Guides, pour battre continuellement la Campagne, pour prendre langue, & pour reconnoître dans la marche des Troupes les Bois des côtés & les Ravins trop difficiles par tous autres Batteurs d'estrade.

§ J'ai vû dans l'Hiver de 1707. une Compagnie de Païsans de Benavarre fort affectionnés pour le Roi d'Espagne, rendre tous ces services aux Troupes de Sa Majesté Catholique, qui étoient en Quartier à Graus.

Il faut pourtant, que le Commandant du Quartier ait beaucoup d'attention à empêcher, que ces Païsans armés ne volent pas les Peuples. Afin qu'ils se comportent en tout avec valeur & fidélité, on mettra à leur tête des Officiers d'honneur, & qui soient assez robustes pour soutenir la grande fatigue, qu'il y a à souffrir avec des Païsans, qni font de continuelles & longues marches, la nuit, par des fentiers & dans des faifons incommodes, afin d'exercer leur maniere furtive de faire la Guerre.

S'il y a peu d'Infanterie deftinée pour les Quartiers, ceux qui feront feulement compofés de Cavalerie, feront placés dans des lieux, qui foient de défenfe par eux-mêmes; parce que, comme je l'ai déja dit, la Cavalerie n'eft pas fi bonne que l'Infanterie, pour défendre un Pofte fermé.

Il femble d'abord, qu'il feroit à propos d'envoier chaque Regiment dans le Pais, où il a été autrefois; parce qu'il connoit les Paffages pour les courfes, & que tous les Officiers favent de quels Païfans & de quels lieux ils doivent fe défier, & à qui ils peuvent fe confier. Mais nous tomberions dans un inconvénient, en ce qu'ils n'y auroit pas de l'égalité par rapport au profit & au travail des Troupes; parce qu'il y a des Quartiers dans des Contrées fi pauvres, dont les Habitans font fi peu affection-nés pour votre Souverain, & dont les Ennemis en grand nombre font fi voifins, qu'on y trouve moins d'avantage, & plus de fatigue que dans les autres. D'ailleurs les Regimens, qui ont beaucoup souffert à la Campagne précédente, ont befoin d'un Quartier de repos ; & il eft jufte, que ceux qui font delaffés ou qui ne font pas aguerris, foient envoiés dans des Quartiers de travail, où on les exercera dans les petits Combats & dans les Marches, que l'on ne pourra éviter, pour tirer du Pais la fubfiftance néceffaire. Le milieu, qu'il y auroit à prendre, feroit de donner à chaque Quartier un Commandant, qui connut parfaitement le Pais & le génie des Habitans.

§. III.   On affignera à chaque Quartier un plus grand ou un plus petit nombre de lieux à proportion de la richeffe ou de la mifere de ces mêmes lieux. Si vous établiffez des Quartiers dans un Païs du Domaine permanent de votre Prince, aiez attention à fes Privileges, à fa fidélité, à fes fervices, & aux Contributions qu'il eft accoûtumé de païer. Les Troupes du Quartier à compte d'une partie de ces Contributions, prendront à un prix raifonnable taxé par le Commandant, la Viande, le Blé, le Vin,

De la Guer-
'affenfive. C.
33.

les Légumes, le Bois, les Fourages & les autres Denrées, qui font les plus abondantes dans ce Païs, & qui serviront pour la subsistance des Troupes.

Par rapport à l'augmentation ou à la diminution de la Contribution du lieu, où le Quartier est établi, on a égard d'un côté à l'avantage, que ce lieu retire par l'argent que gagnent ses Fabricans, ses Marchands & tous ceux qui y vendent des Vivres; & de l'autre côté, à l'incommodité qu'il souffre, à cause du Logement, des Lits, des Voitures, de la Paille, du Bois, & de la Nourriture, que les Particuliers sont obligés de fournir aux Officiers & aux Soldats.

Selon la richesse & le Commerce de chaque lieu on regle la Contribution qu'il doit païer au Quartier. On lui donne un terme pour le païement. Lorsque ce tems est passé, sans que la Contribution soit païée, le Commandant du Quartier menace ceux des Habitans qui sont en charge. Si la menace ne suffit pas, il les fait arrêter Prisonniers. Si c'est par leur faute, que vient ce retardement, on fait vendre leurs Meubles & leurs Troupeaux pour le païement de la

Contribution, fauf à eux d'exiger leur rembourfement des Debiteurs. Si ce n'eft pas la faute de ceux, qui font en charge, on leur donne main forte pour enlever les Beftiaux & les Meubles de ceux qui ont refufé de paier, & qu'on détient en prifon jufqu'à entier paiement.

Lorfque dans le Pais ennemi quelquesHabitans abandonnent leurs maifons, le Commandant du Quartier les menacera d'y faire mettre le feu : ce qu'il fera exécuter, lorfque ceux, qui les ont quittées, ne feront pas retournés dans le tems prefcrit par le Ban qu'il aura fait publier à ce fujet.

Si en vous retirant d'un Quartier établi dans le Pais ennemi, quelques lieux doivent aux Troupes une partie confiderable de la Contribution, felon la jufte repartition qui en avoit été faite, vous pourrez emmener avec vous quelques-uns des Habitans les plus aimés, & qui y ont plus d'autorité ; afin qu'à leurs inftances, & à celles de leurs Parens & de leurs Amis, ces lieux achevent de paier ce qu'ils doivent. Mais fi le Quartier, que vous quittez, eft dans le Pais de votre Prince, au lieu d'enlever

De la Guerre offenfive. C. 18. §. 4.

ces ôtages , vous vous adrefferez à l'Intendant ou au Commandant de la Province , felon que cette infpection regardera l'un ou l'autre.

Si les Villes & les Villages , où vous établiffez ces Quartiers , ne font pas de défenfe contre un coup de main des Ennemis , conférvez un Corps de Troupes à portée de les foutenir , jufqu'à ce qu'ils fe foient bien retranchés.

§. IV.

§ C'eft ainfi que Céfar établit fes Quartiers dans la Gaule avant la revolte d'Ambiorix & de Cativulce , quoique le Pais fut encore alors tranquille (1).

J'ai dit un peu plus haut , que les Quartiers doivent être à portée de pouvoir fe foutenir les uns les autres , & qu'il faut mettre en chaque Quartier un nombre fuffifant de Troupes pour fe défendre , en attendant que le fecours arrive. Mais comme les événemens inefperés de la Guerre obligent fouvent de tirer les Troupes des Quartiers , pour les envoier dans quelqu'autre endroit ; & qu'il peut arriver,que le debordement d'une

____

(1) Commemor. de Céfar.

Riviere rompe les Ponts, qui étoient nécessaires pour la communication ; il est toûjours à propos, que les Quartiers les plus avancés se ferment du moins avec des Murailles de terre, avec une Tranchée Palissadée, ou autre défense, qui puisse les mettre à couvert d'un coup de Surprise.

Ce seroit un trop long Ouvrage de vouloir fortifier ces lieux par dehors : ainsi l'on se contente ordinairement de fermer les embouchures des ruës, qui aboutissent à la Campagne, & les portes & les fenêtres basses des maisons, qui regardent vers cette Campagne. On tire seulement quelque Angle, qui serve de Flanc aux parties du Front, où les Edifices ne se flanquent pas entre eux.

Quand le lieu est si grand, que même après l'avoir fermé de la maniere qu'on vient de le proposer, les Troupes du Quartier ne suffiroient pas pour le défendre, on se contente de fortifier la partie la plus haute. Pour ce travail il faut observer 1°. qu'un Front regarde la Campagne ; afin de pouvoir y recevoir du secours, quand même les Ennemis auroient pris le reste de la Ville. 2°. Que la partie fortifiée soit a plus haute, afin qu'elle ne soit pas dominée des Toits, des Terrasses & des Fenêtres des Maisons de dehors, d'où les Ennemis pourroient faire feu. 3°. Que ce Retranchement soit isolé ; afin que si les Ennemis brûlent les Maisons voisines, le feu ne se communique pas au Retranchement.

On met dans ce Retranchement la réserve des Munitions & des Vivres du Quartier. C'est-là aussi ou dans les Maisons les plus voisines, que doivent coucher les Officiers & les Soldats, principalement quand les Habitans ne sont pas affectionnés pour votre Prince.

¶ Par une semblable précaution les Régimens d'Infanterie des Asturies & de Navarre ne furent point surpris à Balbastro : car quoique nos Ennemis eussent en 1707. surpris cette Ville, à la faveur d'une intelligence qu'ils avoient avec quelques Habitans, ils ne purent pas y réussir, lorsqu'ils voulurent le tenter contre ces deux Régimens, qui s'étoient fortifiés dans deux Couvents.

Un autre avantage, que l'on trouve à pratiquer ce que je conseille, est, qu'il ne faut dans cette petite partie

fortifiée, qu'une Garde médiocre po[ur]
mettre en sûreté les Equipages, le[s]
Vivres, les Munitions & les Malad[es]
du Quartier, pendant que le plus gran[d]
nombre des Troupes en sera sortie pou[r]
aller au secours d'un autre, pour le[-]
ver les contributions, ou pour quel[que]
qu'autre entreprise.

¶ L'Officier Espagnol, qui en 170[8]
commandoit le Quartier de Graus dan[s]
le Comté de Ribagorza, s'étant for[ti-]
tifié dans un endroit de ce lieu, qu'o[n]
appelle *el Moral*, fit évanouir le des[-]
sein, que les Ennemis avoient de sur[-]
prendre ce Quartier, pendant que le[s]
plus grand nombre des Soldats de[s]
Régimens des Asturies & de Pampe[-]
lune étoient allés en course dans le[s]
Païs ennemi.

Le Commandant du Quartier e[n]
attendant, que ces Ouvrages de for[ti-]
tification soient finis; qu'il connoiss[e]
les intentions & les forces des Habi[-]
tans; qu'il prenne à leur égard les pré[-]
cautions nécessaires; qu'il soit instrui[t]
des Avenues, par où les Ennemi[s]
pourroient tomber sur le Quartier[;]
afin de distribuer ses Patrouilles, & d[e]
placer sagement ses Partis avancés[;]
qu'il ait connoissance de la situation[]

du

du fort, & du foible de son Quartier ;
ce Commandant, dis-je, tiendra toutes les nuits les Soldats au pied de
de leurs Armes. Sans ces précautions
il pourroit bien éprouver ce que dans
ce siécle nous avons vû arriver à un
certain Régiment, qui pour les avoir
méprisées, fut pris par les Allemans.
Le Commandant de ce Quartier plus
attentif à chercher le repos, qu'à veiller à la sûreté de ses Soldats, les avoit
laissé aller se coucher dans les Lits des
Habitans, avant d'avoir fermé l'entrée
aux Ennemis.

S'il y a quelque vieux Château, ou
quelque Edifice fort par son assiette,
mettez-y une bonne Garde, afin qu'il
puisse servir de retraite aux Troupes
du Quartier, & que les Ennemis ne
s'en emparent pas ; parce que de ce
Poste qui commande, ou qui enfile
les ruës, ils pourroient vous incommoder beaucoup.

On comprend assez, qu'il faut mettre une Garde à chaque Porte ; j'ajoûte seulement, que s'il y en a un grand
nombre, on doit faire murer celles,
qui sont les moins nécessaires pour le
Commerce des Habitans.

On poste au milieu du lieu le B.-

vac ou la grande Garde pour accourir où l'on entend quelque bruit.

Quand les Troupes sont logées dans les Casernes, on y établit un Piquet.

Il ne faut jamais omettre de faire marcher des Patrouilles dans les ruës, quand ce ne seroit que pour empêcher les querelles & les vols. Dans les Quartiers où il y a quelque danger, il est absolument nécessaire de mettre la nuit une Patrouille en Campagne, & de la faire précéder de tems en tems par des Partis & des Espions pour prendre Langue.

Il y aura d'un Quartier à l'autre des Patrouilles, qui changeront souvent de route, afin que les Ennemis ne les enlevent pas dans quelque Embuscade, & qu'ils les rencontrent dans leurs marches aux endroits où ils les attendoient le moins.

Les Commandans des Quartiers auront auparavant convenu ensemble du mot de Guet, qu'ils donneront chacun des jours suivans aux Patrouilles, & des divers endroits où chaque jour elles se joindront pour se communiquer ce qu'elles auront découvert par elles-mêmes, & ce qu'elles auront appris des Païsans de la Campagne.

Ces Patrouilles ne servent pas seulement pour éviter une surprise, mais encore une Embuscade, que les Ennemis pourroient dresser aux Troupes de vos Quartiers sur leur marche. Elles servent aussi à empêcher, que les Ennemis ne vous inquietent par de fausses allarmes, & qu'ils n'enlevent les Troupeaux, les Passans, les Voitures, & les Contributions, que les Peuples envoient au Quartier.

Dans les Pais de Plaine les Patrouilles seront de Cavalerie, & dans les Païs extrêmement rudes & coupés, on pourra se servir de cette sorte de Païsans, dont j'ai parlé au Paragraphe second.

Au lieu de huit ou dix hommes, dont on compose la Patrouille ordinaire, il sera à propos d'envoier quelquefois des Patrouilles de deux ou trois cens Hommes ; afin de contenir les Ennemis, qui par des Partis un peu superieurs en nombre harceleroient continuellement ces petites Patrouilles, & sans beaucoup de peine en enleveroient de tems en tems quelques-unes.

Des Embuscades, C. I.

Il est d'usage de poser pendant le

jour des Sentinelles sur les plus hauts Clochers & sur les Tours, d'où l'on découvre de tout côté la Campagne, mais si le Quartier est dans un lieu bas, on met le jour des Gardes avancées.

On ne doit pas omettre les précautions que je conseille, quoique les Ennemis soient loin ; principalement lorsque le Païs, qui est entre eux & vos Quartiers, n'est pas porté pour votre Souverain. C'est ce que j'ai prouvé en traitant des *Surprises.*

Des surprises c. 6.

J'avertis pourtant, que vos Gardes ne doivent pas être si excessivement nombreuses, qu'en peu de jours les Troupes soient trop fatiguées ; ce qui seroit cause, que pour chercher le repos, elles ne seroient plus sur leurs gardes. (1) D'ailleurs des Soldats qui ne peuvent pas résister à un trop grand travail, tombent bientôt malades : ce qui augmente alors la fatigue des autres ; parce qu'outre les Gardes, les Patrouilles & les Rondes qu'il y a dans les Quartiers, il faut continuellement faire des Détachemens pour les Courses & le recouvrement des

De la Guerre offensive c. 3 l. § 2.

(1) Nolite omnes simul vigilare, dormiat unusquisque in loco suo, & per tempus vigilate. Esdras 4. C. 11. v. 8.

Contributions. La bonne regle est,
que le Soldat ait quarante-huit heures
de repos après vingt-quatre heures de
travail. il faut néanmoins avoir attention, que les Gardes soient assez fortes pour soutenir le choc, dès qu'on
donne l'allarme, jusqu'à ce qu'elles
aient été renforcées par les Troupes,
qui par avance doivent être destinées
par un Ordre secret pour accourir à
chaque Poste en cas d'allarme.

Des Campe-
mens, C. 7.

Au reste les Officiers ne doivent pas,
sur ce que je viens de dire, prétendre
exempter leurs Soldats & se dispenser
eux-mêmes du travail nécessaire pour
la sûreté & le bon ordre du Quartier.
Il est de la sagesse du Commandant de
résister à propos aux instances des Co-
lonels, qui s'interessent toûjours trop
pour le soulagement de leurs Regimens.

Des Siéges,
partie seconde,
C. 19. §. 3.

Les précautions que le Gouverneur d'une Place nouvellement con-
quise doit prendre, & dont j'ai parlé
en traitant des *Siéges*, conviennent
aussi à un Commandant de Quartier,
lorsque la fidelité des Habitans est suspecte. J'ajoûte ici qu'il est important,
que les Commandans de vos Quartiers aient dans ceux des Ennemis des
Espions, qui leur donnent avis des

Des Siéges,
C. 20 §. 4.

mouvemens qui s'y font, & des Troupes qui arrivent de nouveau sur la
Frontiere, ou qui s'en éloignent : ce
qui servira d'une part pour vous tenir
sur vos gardes, & de l'autre, pour tenter quelque entreprise, à laquelle il
vous sera plus aisé de réussir, pendant
qu'une grande partie des Troupes ennemies s'est écartée pour faire des incursions, ou pour quelque autre expédition.

Lorsque le Pais n'est pas affectionné
pour votre Prince, les Soldats n'i-
ront point separément dormir dans
les differentes Maisons des Habitans ;
mais on destinera pour les Troupes
quelques Edifices, où l'on fera transporter les Lits que ces mêmes Habitans devoient fournir ; afin que les
Soldats soient rassemblés la nuit dans
ces Edifices, qui serviront alors comme de Casernes.

Toutes les fois qu'on logera les
Officiers ou les Soldats dans les maisons particulieres, on aura attention
de ne pas mettre des Hommes turbu-
lens & débauchés, dans celles où il
y a des Filles & des Femmes d'honneur, principalement si leurs Peres ou
leurs Maris sont jaloux.

Les Sergens & les Capitaines par raport à leurs Compagnies, le Commandant & le Major du Quartier par raport à toutes les Troupes auront la Liste de la ruë & de la maison, où chaque Officier & chaque Soldat sont logés ; afin de pouvoir les assembler à la sourdine, sans qu'il soit besoin de Tambours ; parce que si les Espions ou les Partis, que les Ennemis peuvent avoir dans ce voisinage, entendoient le bruit des Caisses, qui la nuit se font ouïr de loin, ils les avertiroient, que vous vous préparez à quelque entreprise.

Je crois, qu'il faudroit donner à chaque Quartier deux ou trois Piéces de Canon & même davantage, que l'on tireroit de l'Artillerie de l'Armée ou des Places voisines. Elles serviroient non-seulement pour la défense, mais encore pour pouvoir en très-peu de tems donner avis à tous les Quartiers, que l'un d'eux est attaqué. Pour cela on convient auparavant du nombre des coups de Canon, qui doit distinguer chaque Quartier; afin que les autres accourent au secours, dès que ceux, qui sont à la droite & à la gauche de celui qui est investi, auront répété le même signal qu'il aura fait.

Quand même ces Coups de Canon ne pourroient pas être oüis d'un Quartier à l'autre, ils feront entendus des Patrouilles, dont j'ai parlé un peu plus haut, qui en donneront avis à leurs Quartiers. Ces avis pourront aussi être portés aux divers Quartiers, si les Commandans ont eu la précaution de se gagner quelques Païsans des Villages & des Maisons de Campagne des environs. En défaut de Canons, on *Voïez c. 17.* peut se servir de Fusées volantes & de gros Flambeaux d'illumination, comme je le dirai dans la suite.

On m'objectera, que les Ennemis, qui auront dessein d'attaquer un de vos Quartiers, détacheront un Parti pour donner l'allarme à un autre, afin que tous les Quartiers aillent au secours de celui qui est faussement allarmé, & qu'ils ne secourent pas celui que les Ennemis iront peu après véritablement investir, & où par conséquent ils trouveront moins de resistance. Je réponds, qu'on peut éviter cet inconvénient, si le Quartier allarmé suspend le Signal pour demander du secours, jusqu'à ce qu'il se voit certainement investi; parce que les Trou-

pes

pes de ce Quartier pourront se défendre en attendant le secours, si elles s'y
sont retranchées de la maniere que je
l'ai dit. En suspendant ainsi le Signal
pour demander du secours, jusqu'à ce
qu'on soit bien assûré du dessein des
Ennemis, on évite encore, que par de
fausses allarmes ils ne mettent vos Troupes dans des mouvemens continuels.

Les Commandans des Quartiers
destinés à se secourir réciproquement
conviendront entr'eux, de l'endroit,
où toutes les Troupes du secours doivent se rendre, supposé que l'un des
Quartiers soit attaqué; afin de continuer de là leur marche en nombre supérieur aux Ennemis, qui autrement
pourroient battre les Troupes du secours à mesure qu'elles arriveroient
séparées les unes des autres. Ce lieu
d'assemblée doit être changé autant
de fois, que les Ennemis auront obli-
gé les Troupes du secours de s'y ren- *Des Surpri-*
dre; parce qu'ils pourroient y former *ses c. 19. &*
leur Embuscade, pour défaire vos Dé- *20.*
tachemens à mesure qu'ils arriveroient
séparés.

Les Troupes d'un Quartier, qui
découvrent un Parti ennemi, ont à
soupçonner, qu'il y a un peu plus

avant un Embuſcade ſupérieure en nombre à tout le Quartier. Dans cette crainte ne détachez ſur ce Parti qu'une Troupe de Cavalerie d'un tiers plus nombreuſe. Si elle eſt chargée & obligée de revenir, faites avancer un Corps d'Infanterie juſqu'à certaine diſtance ſeulement, d'où à la faveur des Murailles & des Haies des Jardins il puiſſe ſe retirer en ſûreté. Louis Melzo, pour prouver, qu'il ne faut pas détacher trop de monde ſur un Parti ennemi, donne cette excellente raiſon : S'il n'y a point d'Embuſcade, dit-il, quelques Hommes de plus ſuffiſent pour battre le Parti ; & s'il y a une Embuſcade ſupérieure en nombre à tout le Quartier, vous riſquerez d'autant plus de monde ſans aucun avantage, que votre Détachement ſera plus conſiderable. (1).

Lorſque le Commandant d'un Quartier apprend par ſes Eſpions, ou par les perſonnes avec qui il eſt en intelligence, que les Ennemis avec des Troupes ſupérieures en nombre aux ſiennes, ſe ſont mis en Embuſcade dans un certain endroit

____

(1) Melzo, Regles Militaires.

bien désigné, il concertera secretement avec les Commandans des Quartiers voisins de quelle maniere ils pourront surprendre les Troupes de l'Embuscade. J'en donne les moïens en
traitant des *Surprises*.

Les Quartiers, qui se trouvent séparés des autres par quelque grande Riviere, ont besoin d'une bonne provision de Munitions & de Vivres ; parce
qu'il peut arriver, que les eaux venant
à grossir, on ne pourra point pendant
plusieurs jours passer ni à gué, ni sur
les Ponts, ni même sur des Bateaux ;
& alors les Ennemis profiteroient peut-
être de cette conjoncture pour assembler leurs Quartiers ; afin de bloquer
ou d'attaquer le vôtre, qui dépourvu
de Provisions de bouche & de Guerre, ne sçauroit esperer du secours.

¶ Les eaux de la Riviere de Cinca augmenterent si fort dans l'Hiver
de 1707, qu'elles entraînerent les
Ponts de Fraga, & de Monçon, &
l'on ne pouvoit plus passer le Bac
d'Enna. Cette conjoncture parut favorable aux Allemans, & ils se préparoient déja a investir le Quartier de
Graus, qui étoit entr'eux & cette Riviere. Mais ils abandonnerent ensui-

I ij

te ce projet ; parce qu'ils apprirent, que l'Officier Espagnol, qui commandoit le Quartier, avoit tiré de tous les lieux de la Contrée une grosse quantité de Vivres, dès qu'il avoit vû que la Cinca commençoit à grossir, & quelque tems avant il s'étoit pourvu des Munitions de Guerre nécessaires.

Lorsque, pour la communication de vos Quartiers il est important de vous conserver le passage libre d'une Riviere, il faut fortifier & garder les têtes des Ponts de bois, & ces Bacs, dont des Cables, qui traversent d'un bord de la Riviere a l'autre, empêchent qu'ils ne soient entraînés par le trop rapide courant des eaux. Autrement les Partis des Ennemis, ou même les Païsans, qui leur seroient affectionnés, mettroient une nuit le feu à ces Ponts, couperoient ces Cables & brûleroient ces Bacs, pour vous ôter cette communication, & vous empêcher de secourir un Quartier, qu'ils ont dessein d'attaquer.

Quand les Ennemis commencent à assembler leurs Troupes à la fin de l'Hiver, renforcez ou faites retirer ceux de vos Quartiers, qui s———————

être exposés à un coup de main ; parce qu'il est à présumer, que le Général ennemi, pour bien commencer la Campagne, tachera d'enlever quelqu'un de vos Quartiers, ou de poster son Armée au milieu d'eux, afin d'empêcher la jonction de vos Troupes : surtout si à la faveur d'une Riviere ou d'un Défilé les Ennemis peuvent avec peu de Régimens faire tête à votre Gros, pendant qu'avec leurs autres Troupes ils tiennent en échec ceux de vos Quartiers, qu'ils ont coupés, pour les forcer de se rendre.

Des Gardes avancées.

La conduite des Gardes avancées ne regarde pas directement le Chef de l'Armée. Elle dépend des Officiers des Régimens, du Major Général, des Maréchaux généraux des Logis & des Officiers de jour, ou de Garde de l'Armée, qui prescrivent aux Gardes avancées ce qu'elles ont à faire, & qui par leurs Rondes les tiennent vigilantes. Néanmoins comme le premier Chef fait quelquefois aussi ces Rondes, & que d'ailleurs il ne doit pas ignorer tout ce qui peut servir à la sûreté de fes Troupes, je dirai en peu de mots quelles font les précautions les plus néceffaires, qu'il faut prendre par rapport aux Gardes avancées ; parce que c'eft fur elles que fe repo-fent les Armées du foin de veiller à leur tranquillité, & de les garantir d'une furprife.

La grande Garde fe compofe ordi-nairement de cinquante jufqu'à cent Chevaux. On la pofte fur les avenuës les plus dangereufes à un quart ou à une demi lieuë de diftance de l'Ar-mée. Quand il fe rencontre un peu plus loin ou un peu plus près un pe-tit Pont, un Gué ou un Défilé, on y met la grande Garde ; pourvû qu'il n'y ait pas à craindre, que les Enne-mis puiffent aifément la couper ; par-ce qu'en difputant aux Ennemis la marche à la faveur de cet étroit paffa-ge qu'elle a de front, elle donne plus de tems à l'Armée, depuis qu'on a fonné l'allarme, pour être prête à re-cevoir les Ennemis.

Si la grande Garde doit moins fer-vir pour découvrir, que pour entretenir l'Ennemi, on la forme plus nombreufe qu'à l'ordinaire ; & l'on la compofe d'Infanterie, quand toute fa retraite, jusques à l'Armée est par des Ravins, par des Bois, ou par une Montagne escarpée.

Lorsqu'à une distance convenable de l'Armée il y a quelque Tour ou autre Edifice fort par sa situation, d'où l'on peut découvrir la Campagne, on y met une Garde fixe d'Infanterie, & alors on peut se passer d'une grande Garde, il suffira de joindre à celle d'Infanterie un petit Parti de Cavalerie pour faire la Patrouille la nuit, pour aller reconnoître ce que de la Tour on n'a pû observer que confusément pendant le jour, & pour porter avec célérité à l'Armée les avis convenables.

Pour moi je voudrois au moins quatre grandes Gardes ; une à chaque Aile, une troisième vers le Front, & la quatrième vers l'Arriere Garde ; & je prescrirois, que les Batteurs d'Estrade de chacune eussent à se rencontrer avec ceux des deux plus proches. Si l'Armée étoit plus grande, j'augmenterois le nombre des grandes Gardes de la tête & de la queuë.

Frachetta (1) donne pour conseil aux Gardes avancées, afin de se ga-

(1) Semin. des Gouvern. C. 69.

rantir la nuit d'une surprise, d'allumer du feu dans un endroit, & de se poster dans un autre ; parce que si les Ennemis s'approchent en croïant, que la Garde est où ils voïent le feu, vos Sentinelles les appercevront à la faveur de cette clarté. Onosandre (1) est aussi de ce sentiment : ce qui suppose, que la Garde observe un grand silence. Elle pourroit aussi se poster la nuit dans un endroit différent de celui, où il a été possible aux Ennemis & à leurs Espions de la découvrir pendant le jour ; & sans allumer du feu, il suffira pour se garantir du froid, à moins qu'il ne soit extrême, de faire promener les Hommes & les Chevaux.

Xénophon veut qu'on change souvent le Poste de ces Gardes & le nombre des Soldats, dont on la compose ; afin que les Ennemis les rencontrent à l'improviste dans les endroits où ils les soupçonnoient le moins, & qu'ils tombent ainsi dans une grosse Embuscade, lorsqu'ils ne se sont préparés qu'à venir surprendre une petite Garde. Cette appréhension, selon Xénophon, fera, que les petits Détachemens des

____

(1) Art Militaire, C. 9.

Ennemis n'oseront rien entreprendre contre vos Gardes avancées. (1).

Il seroit à propos de poster votre
Garde avancée dans quelque endroit,
où il n'y eut que peu d'avenues, par
lesquelles les Ennemis puissent venir,
afin de les couvrir toutes par un petit
nombre de Sentinelles; ou que depuis
la Garde au Camp il y eut plusieurs
Retraites; afin que si les Ennemis en
occupent quelques-unes, la Garde en
puisse toûjours prendre une autre.

La Garde, qui sort du Camp pour
s'aller placer dans un Poste avancé,
aura ses Batteurs d'Estrade vers le
Front & vers les Flancs; & elle prendra la langue des Païsans, pour sça-

(1) In custodiis præstituendis maximè pro-
bantur mihi omnibus occultæ speculationes,
atque Custodiæ. Hâc ratione enim simul &
exercitus custodias habet; & hostibus insidiæ
struuntur; atque Custodes ipsi minùs circumve-
niri possunt cum non appareant, & ita hostibus
sunt formidabiliores. Non scire esse quidem ali-
cubi custodias, ubi verò sint, & quam copiosæ
ignorare, id fidenti animo hostes esse prohibet,
& omnia loca suspecta habere cogit, at custodiæ manifestæ apertas habent tam terroris,
quàm confidentiæ causas: prætereà si quis occultas custodias locarit, huic licet paucis qui-
busdam manifestis præcedentibus occultas ten-
tare, ut insidiis hostes pelliciat. *Discipline de la
Cavaleri.*

voir s'ils n'auroient point découver[t]
quelque Troupe des Ennemis.

Lorsque la Garde arrive au Post[e]
de sa destination, si elle n'y en re[n]-
contre pas une autre, elle aura so[in]
de reconnoître tous les environs, po[ur]
voir s'il n'y auroit point quelque E[m]-
buscade. Elle se tiendra à Cheval ju[s]-
ques à ce que les environs aient ét[é]
reconnus, que les Vedettes soient p[o]-
sées, & qu'on ait détaché les Ba[t]-
teurs d'Estrade dont je parlerai bientôt. Les Officiers, les Maréchaux de[s]
Logis & les Brigadiers observeron[t]
avec soin de jour tout le Terrain voisin,
afin de faire la nuit sans confusion le[s]
Patrouilles, les Rondes & tous les autres mouvemens nécessaires.

Je ne trouve pas, qu'il y ait de l'in[-]
convenient le jour dans un Païs découvert, que les deux tiers de la Gard[e]
mettent pied à terre, que les Chevau[x]
aient leurs Moreaux pour manger, [&]
que les Officiers & les Soldats dorme[nt]
en se relevant tour à tour. De cett[e]
maniere les Hommes & les Chevau[x]
pourront plus commodément suppor-
ter la fatigue de la nuit; pendant la[-]
quelle il ne sera permis à aucun Solda[t]
ni Officier de dormir; la moitié de la

Garde se tiendra à Cheval, & tous les Chevaux feront bridés.

L'Officier, Commandant de la Garde, dès qu'elle lui fera remife dans le Camp, reconnoîtra les Chevaux, les Armes & les Munitions, & fera changer les Hommes qu'il ne trouvera pas en état de faire le fervice. Il aura enfuite attention, que les Soldats couvrent leurs Armes fous leurs Cafaques ou leurs Manteaux, lorfqu'il faudra les garantir de la pluie & de la rofée.

Les Officiers fubalternes, & les bas Officiers de la Garde accompagnés de deux ou trois Soldats feront l'un après l'autre continuellement la Ronde, pour voir fi les Vedettes font vigilantes, s'il n'y en a point, qui ait deferté, & s'il ne fe paffe rien de nouveau, dont il foit néceffaire de donner avis.

Je voudrois, que la Garde avancée eût deux mots de Guet. L'un différent de celui de l'Armée pour les Vedettes & les Batteurs d'Eftrade ; afin que la Garde les connoiffe & les reçoive, lorfqu'ils fe retireront. L'autre mot de Guet fera le même que celui de l'Armée. Les Officiers feuls doivent le ſçavoir, & ils le donneront à un Soldat de confiance, s'ils le détachent pour porter un avis important au Général de l'Armée.

Ce premier mot deGuet s'appelle *muet*, lorſque ſans parole il conſiſte ſeulement à mettre la main droite ſur la tête de l'Homme ou du Cheval, ſur la Botte, ſur la Poitrine, &c. Ce qui s'obſerve de la ſorte, afin que quelqu'un des Ennemis, qui ſe ſeroit approché à la faveur de l'obſcurité, n'entende pas le mot de Guet. C'eſt une ancienne obſervation, que je trouve dans l'*Art Militaire* d'Onoſandre, & dans le *Commentaire Poliorcétique* d'Ænée Tactique.

On change ce mot de Guet *muet*, dès qu'on apprend qu'un Soldat a déſerté.

Lorſque l'Officier de la grande Garde verra, qu'il vient du côté de l'Armée une Troupe, qui paroît être la nouvelle Garde, il fera monter à Cheval la ſienne, & détachera ſur le champ pour aller reconnoître l'autre: car preſque toutes les grandes Gardes, qui ont été ſurpriſes, ne l'ont été, que parce que les Ennemis ont feint d'être une Troupe amie: ainſi ce n'est pas assez qu'ils donnent le mot de Guet, dont ils pourroient avoir été instruits par quelque Espion, ou par quelque personne de votre Armée, avec qui ils sont d'intelligence, comme je l'ai fait voir en traitant des Surprises.

La premiere Sentinelle se met au Corps de Garde. Elle ne laisse approcher aucun Homme le jour, qu'elle ne le connoisse pour être de la Garde; & la nuit, qu'il n'ait fait alte, en attendant, qu'un Maréchal des Logis ou un Brigadier de la Garde s'avance pour le reconnoître.

On pose les autres Vedettes à vuë de tous les chemins, qui peuvent être accessibles tant à la Cavalerie qu'à l'Infanterie, sans omettre d'en poster aux avenues du côté de votre Armée; parce que les Ennemis, comme je viens de le dire, pourroient prendre ces routes pour venir fondre sur la Garde.

Dans un Païs plat, où tout le Terrain peut servir de chemin, il y aura tout au tour de la Garde des Sentinelles ou Vedettes à une telle distance l'une de l'autre, que chacune puisse voir le jour les deux de ses côtés,

& entendre la nuit le bruit de tou
personne, qui marcheroit entr'ell
Dans les nuits obscures & orageus
il ne faut laisser qu'un peu d'espac
entre l'une & l'autre Vedette.

Il faut avoir attention le jour d
placer les Vedettes dans un Post
d'où elles découvrent un grand Ter
rain, & où elles soient couvertes pa
quelques arbres ou par la brou
saille.

Il seroit bon, que la Sentinelle d
Corps de Garde pût voir les autre
ou entendre leur coup de Fusil; afin
d'avertir promptement, lorsqu'elle
tirent.

On posera des Sentinelles doubles
si le nombre des Soldats de la Gard
le permet; afin que l'une continue à
observer, pendant que l'autre vien
donner avis à la Garde de ce que l'o
commence à découvrir de nouveau.
Les Sentinelles doubles servent enco
re pour éviter, qu'un Soldat ne dé
serte par l'appréhension qu'il a de son
Camarade; & afin que si l'une est sur
prise, l'autre puisse s'échaper. Dan
les Païs de Bois fort épais, dans le
nuits obscures & dans celles où re
gne un gros vent, les Sentinelles dou

s'éloigneront un peu l'une de l'autre ; afin qu'une petite Troupe d'Infanterie ennemie, qui se seroit avancée sans bruit, ne les envelope pas toutes les deux.

On pourroit dans les endroits extrêmement dangereux composer la Sentinelle de trois Hommes ; dont l'un demeureroit de pied ferme, & les deux autres battroient à droite & à gauche jusqu'à ce qu'ils rencontrassent les Batteurs des Sentinelles collaterales.

Toute Vedette, principalement la nuit tiendra à la main son Mousqueton bandé. Elle avertira aussitôt, en faisant partir son coup, si malgré les précautions, que je viens de proposer, elle se trouvoit surprise par quelques Hommes, qui se seroient avancés sans bruit.

Lorsque le petit nombre des Soldats de la Garde ne permet pas de doubler & de tripler les Sentinelles, il y aura deux Soldats pour battre continuellement en rond autour d'elles. Ils commenceront par le côté opposé de la Ronde : ce qui servira d'une espece de Contreronde pour tenir les Vedettes vigilantes, & pour dé-

couvrir les Ennemis, qui auroient
paſſé entre deux Vedettes fort éloignées l'une de l'autre.

S'il y a quelque avenue plus péril-
leuſe que les autres, on fait avancer
de ce côté deux Batteurs plus ou
moins loin au-delà des Vedettes, ſelon que le Terrain donne plus ou
moins de commodité aux Ennemis de
les couper.

Les Batteurs auront la Carabine
ou le Piſtolet à la main. Ils marcheront à trente ou quarante pas de diſtance l'un de l'autre, par la même
raiſon, que j'ai touchée à l'égard des
Vedettes.

Il ne ſeroit peut-être pas inutile,
que les Batteurs euſſent la nuit quelques Chiens. Marc-Antoine Gandin
rapporte, que les Rhodiens avoient
dans le Château Saint-Pierre en Ca-
rie cinquante Chiens ſi bien inſtruits,
qu'ils diſtinguoient les Chrétiens des
Turcs. Comme ce Château étoit au
milieu du Païs ennemi, ces Chiens en
aboïant avertiſſoient principalement
la nuit, lorſque quelques Ennemis
approchoient. Selon le témoignage
du même Gandin cela ſe pratique
encore aujourd'huï dans quelques

heux de la Dalmatie. (1).

Les Sentinelles & les Batteurs arrêteront toute personne, qui voudroit
passer au-delà des Limites de la Garde avancée ; afin qu'on examine ensuite au Camp, si ç'est un Espion ou un
Déserteur : ce qu'il y a lieu de soupçonner, particulierement si l'on a fait
préceder le Ban ordinaire, qui dé-
fend à tout Soldat de s'éloigner de
plus d'un quart de lieuë autour du
Camp, & à tout Habitant & Paisan
de s'avancer au-delà de cette même
distance vers le Front, qui regarde
les Ennemis.

Les Sentinelles, les Rondes, les
Patrouilles & les Batteurs auront attention la nuit à l'aboïement des
Chiens, au hennissement des Chevaux, au braiement des Anes, & au
bruit de la Marche, qui est fort grand,
lorsque c'est par des Chemins pierreux, & qui même sans cette circonstance s'entend de fort loin pendant la nuit, lorsqu'on applique l'o-
reille contre terre. Il faut encore observer la nuit, si l'on voit le feu de
plusieurs Pipes & de plusieurs Mé-

(1) Com. sur Frontin L. 3. C. 12.

ches allumées ; si l'on entend tirer
quelques Coups de Fusil, comme cela arrive assez souvent par les chutes
des Soldats. Le jour on considere
s'il s'eleve une grande poussiere, qui
s'approche toûjours, comme pourroit être celle de gens, qui marchent;
les Bergers prennent la fuite avec leurs
Troupeaux, parce qu'ils découvrent
peut-être quelque Troupe ; si les Oiseaux prennent l'essor, & montent en
l'air plus que de coûtume, comme il
arrive, quand il passe beaucoup de
monde.

Les Sentinelles, les Batteurs, &
les Rondes donneront avis à la Garde
de toutes ces sortes de découvertes,
& le Commandant sans délai détachera sur ce chemin un Parti pour s'éclaircir de la cause de l'événement, qui a
été observé. En attendant d'être mieux
instruit, il mettra la Garde en état
d'exécuter tout ce qu'il conviendra de
faire selon l'occurrence.

Aussitôt que la Vedette compagne
de celle, qui a porté l'avis, les
Batteurs, la Ronde, ou le Parti, que
vous avez détaché, voit quelque
Troupe, qui s'approche, on lui ordonnera de faire alte, jusqu'à ce qu'elle

ait été reconnue. Si elle n'obéit pas, les vôtres tireront leurs coups de Fusil, & se retireront à la Garde, qui par trois ou quatre coups de Pistolet avertira toutes les autres Vedettes, prévenues auparavant de ce Signal, qu'elles doivent se retirer & venir joindre.

Le Commandant de la Garde fait alors donner avis à l'Armée de ce qui se passe par un Soldat bien monté, qui va à toute bride, afin qu'on y ait le tems de mettre les Piquets sous les Armes & de tenir les Troupes prêtes, selon que le Cavalier détaché donne avis, qu'il paroît plus ou moins d'Ennemis ; ou que l'on sçait, qu'ils se trouvent avec plus ou moins de Troupes. Dans le premier de ces deux derniers cas, il vaut mieux pécher par trop de précaution, que de ne pas en prendre assez.

Si l'évenement, dont nous parlons, arrive pendant le jour, le Commandant de la Garde avancée détachera six Maîtres avec un bas Officier, pour observer les Ennemis par le Flanc ; afin de mieux reconnoître leur nombre, qu'on ne peut le faire par le Front. Si de l'endroit, où est cet Of-

ficier, il y a moins loin jusqu'à l'Armée
qu'il n'y auroit en allant passer par où
se trouve la Garde, ce même Officier
détachera deux de ces six Maîtres,
l'un en droit ureau Général de l'Armée,
& l'autre au Commandant de la Garde,
pour leur donner avis de tout ce qu'il
a découvert. Lorsque du Camp,
ou de quelque hauteur voisine, on
pourra découvrir les Signaux de la
Garde avancée, on les fera observer;
afin qu'on soit plûtôt averti à l'Armée
de la marche des Ennemis. On distinguera par ces Signaux, si à cause de
l'obscurité de la nuit, de la poussiere
du chemin, des Bois, ou des Montagnes, on ignore en quel nombre
les Ennemis s'avancent; s'il paroît,
qu'ils soient inférieurs à vos Piquets
de Cavalerie; ou s'il y a lieu de croire, que c'est le Gros des Ennemis.
Dans le premier cas il suffira de faire
éveiller vos Troupes, si c'est la nuit.
Dans le second il faudroit détacher
les Piquets, jusques où il n'y auroit
pas à craindre quelque Embuscade;
afin d'aller chercher le Détachement
ennemi. Dans le troisiéme il est à propos de ranger en silence toute l'Armée en Bataille, & de la faire avancer

dans un Terrain avantageux ; afin que les Ennemis , qui peut-être avoient deſſein de la ſurprendre , la trouvent en diſpoſition de combattre.

Le premier Signal de la Garde avancée pourroit ſe faire en élevant un Flambeau d'illumination , ou une Fuſée volante. Deux Flambeaux ou deux Fuſées ſeroient le ſecond Signal , & trois le troiſiéme. Ces Signaux ſeront répétés par la Garde , qui ſera entre l'Armée & la Garde avancée.

Si après avoir fait un Signal, on découvre quelque choſe de plus, on en donnera à connoître par un nouveau Signal concerté. Les Signaux ne doivent pas empêcher d'envoier ces mêmes avis par des Soldats , qui confirmeront ce qu'on a voulu ſignifier par les Signaux. Si c'eſt la nuit , on détachera , pour porter ces avis des Maréchaux des Logis ou des Brigadiers , qui auront le mot de Guet de l'Armée.

La Garde ne ſe retirera pas , à moins que par la vûë des Ennemis ou par le bruit de leur marche , elle ne connoiſſe , qu'ils ſont ſupérieurs en nombre.

Lorsque c'est la nuit qu'on fou[ne]
l'Allarme, la Garde peut se retir[er]
vers quelque Chemin où elle ne fo[it]
pas en danger d'être coupée par [le]
Flanc, ou d'être attaquée dans [le]
paffage d'un petit Pont, ou d'un étro[it]
Défilé.

La Garde faifant enfuite volte fac[e]
rompra les Ponts qu'elle aura paffé[s]
& embarraffera les Sentiers par d[es]
Chevaux, dont on aura coupé l[es]
Jarrets, ou en mettant le feu à [la]
brouffaille. Enfin elle tachera par t[ou]
tes les voïes, que je propoferai [en]
traitant *des Retraites des Troupes*, [de]
retarder la Marche des Ennemis ; [afin]
que votre Armée ait le tems de fe p[ré]
parer au Combat.

Le Commandant de la Garde vo[us]
donnera avis du Chemin, par lequ[el]
il fait fa Retraite ; pour que vo[us]
puiffiez détacher des Piquets pou[r le]
foûtenir.

CHAPITRE IX.

Dans quelles occasions particulieres une Armée, qui se tient sur la Défensive, doit livrer Bataille aux Ennemis.

§. I.

J'AI dit un peu plus haut, pour quelle raison, & de quelle maniere il faut attaquer des Ennemis, qui débarquent dans votre Païs, après une longue navigation. J'ajoûte ici, qu'il faut aussi leur livrer le Combat, lorsqu'en arrivant sur votre Frontiere, ils sont peu capables de le soûtenir après une fort longue Marche; surtout si elle a été forcée & extraordinairement rude par l'extrême chaleur, par le froid excessif, ou par les mauvais Chemins: car il est certain, que leurs Armes seront en fort mauvais état par les pluies & par la poussiere, & que plusieurs seront fracassées par les chutes; qu'ils auront laissé derriere un grand nombre de leurs Chevaux & de leurs Soldats estropiés ou malades; & que les

autres seront affoiblis & harassés. Au
lieu que si vous donnez quelques jours
à l'Armée ennemie, pour se réunir,
se refaire, se rétablir & pour racom-
moder les Armes, vous la trouverez
en disposition & en état de bien combattre.

§ Les Romains, qui sous les ordres
de Publius Licinius Crassus marche-
rent contre Persée Roi de Macédoine, avouerent, que si ce Prince les
avoit attaqués d'abord après qu'ils
furent arrivés à Gonfi, il en auroit tiré bon parti ; parce que dans ce long
voïage, & principalement dans les rudes Passages de l'Athamanie il y avoit
eu tant d'Hommes & de Chevaux estropiés, que l'Armée de Rome étoit
dans l'impossibilité de soûtenir une attaque, si l'on ne lui avoit pas donné
quelques jours pour se délasser & se
refaire. (1).

§ Timur & Dividar Généraux de
Cairbeg, Sultan d'Egypte, aiant reconnu, que leurs Troupes trop fatiguées d'un long & pénible voïage,
n'étoient pas en état de combattre
contre celles de Bajazet, Empereur

____

(1) Tite-Live, Hist. Rom.

Ottoman

Ottoman, les laisserent reposer tout le tems néceffaire pour les bien délaffer. Dès que leur Armée fut rétablie, elle livra la Bataille à celle de Bajazet, qui fut défaite. (1).

§. II.

Lorfque vous foûtenez une Guerre Défenfive fur deux Frontieres différentes, tâchez de tromper les Ennemis, & de leur dérober une ou deux Marches, pour joindre vos deux Armées; afin d'attaquer enfemble une feule des Ennemis, avant que l'autre puiffe arriver au Secours: car quoique les Troupes, à qui vous avez dérobé votre Marche, profitent de votre abfence, pour commettre des hoftilités dans votre Païs, fi vous réuffiffez à battre une des deux Armées ennemies, vous reviendrez bientôt contre celle, qui vous incommode. Il feroit bon néanmoins d'abandonner la Province la moins expofée à fouffrir de grands ravages pendant ce peu de jours: foit à caufe du nombre des Places fortes, foit à caufe des Défilés ou des Rivieres, qui peuvent rendre les courfes des Ennemis difficiles.

§ L'Empereur Aurelien attaqué dans une partie de fes Etats par les Sarma-

(2) Suarez, Hift. des Emp. Ottom.

tes , & dans l'autre par les Marcomans, laiffa agir librement ces derniers , pour marcher avec prefque toutes fes forces contre les Sarmates. Les aiant défaits, il revint, tomba fur les Marcomans , & finit ainfi heureufement cette Guerre, (1).

Afin de dérober plus facilement des Marches aux Ennemis , une de vos Armées , & même toutes les deux les appelleront par de fauffes Marches précédentes dans des endroits , où une Riviere , qu'on ne peut paffer à gué , fait un fort grand Coude , & fur laquelle vous avez quelque Pont , fans que les Ennemis en aient aucun ; parce que le détour du Coude , & le tems néceffaire pour la conftruction d'un Pont, les arrêteront beaucoup,

Si l'une de vos Armées attend de pied ferme , que l'autre vienne la joindre , il faut préférer , pour demeurer de pied ferme , celle , qui eft dans un Païs , où les Ennemis n'ont ni Places fortes , ni Poftes avantageux , où ils puiffent s'aller mettre en fûreté , lorfqu'ils auront quelques avis de la jonction de vos deux Armées,

(1) Dolce, Vie des Empereurs, & Forefti Mappe-Monde Hiftor.

Si au lieu de toute l'Armée entiere on en détache seulement quelques Troupes pour aller renforcer l'autre, qui veut attaquer ; ce Détachement se doit faire de celle des deux Armées, qui est campée dans un Terrain plus fort par sa situation, & qui a de meilleures Places ; afin de pouvoir éviter de combattre, pendant qu'elle est affoiblie, & qu'elle manque des Troupes, qui forment le Détachement.

§. III.

Quand les Ennemis se mettent en Campagne avec un nombre de Troupes inférieur ou égal au vôtre, dans un Païs où vous pouvez leur livrer le Combat, tâchez de les attaquer avant qu'ils aient été renforcés par les autres Régimens, que vous sçavez, qu'ils doivent recevoir dans peu de jours ; parce que si vous remportez la victoire sur ces premiers Ennemis, il ne vous sera peut-être pas trop difficile de vaincre les seconds. La force s'affoiblit, quand elle est séparée & divisée ; mais elle augmente & devient presque invincible, quand elle est unie. Voici comme s'explique l'Empereur Leon dans un ordre, qu'il envoioit à Nicephore son Général.

Attaquez, lui dit-il, *les Ennemis*

dans leur Païs ou dans un autre, avant qu'ils se joignent ; & maintenant que les Barbares d'Egypte, de Surie & de Caramanie font leurs préparatifs contre les Romains, allez avec l'Armée Navale prendre l'Isle de Chypre ; & avant que les Barbares réunissent leurs forces, attaquez ou brûlez leurs Vaisseaux, jusques dans leurs Ports mêmes. (1).

¶ Sertorius, pour donner à comprendre aux Portugais, combien il étoit aisé de détruire l'Armée de Rome, en l'attaquant séparée & par parties, avant qu'elle rassemblât ses forces, ordonna à un Vieillard, en présence des Portugais, d'arracher crin à crin la queuë d'un gros & vigoureux Cheval, & commanda en même tems à un fort jeune Homme, de tâcher d'arracher la queuë entiere d'un petit & foible Cheval. Comme le premier avoit déja accompli l'ordre, qui lui avoit été donné, tandis que les efforts du second avoient été inutiles, & qu'il avoit même perdu toute espérance de réussir, Sertorius prit de-là occasion de représenter aux Portugais, que le Peuple Romain étoit comme la queuë de ce gros Cheval, qu'il étoit impossible à

(1) Maximes de Guerre.

un Homme d'arracher en la prenant toute entiere : mais qu'on en venoit facilement à bout en la prenant partie par partie. (1).

¶ Tacmas Roi de Perſe, voïant ſon Païs inveſti par Ibraïn, Grand Viſir des Turcs, fit tout ce qu'il put, pour engager Ibraïn d ans une Bataille, avant que l'autre Armée commandée par Soliman II. fût arrivée : mais le Grand Viſir évita le Combat, pour ne pas riſquer une Bataille, lorſque toutes les forces Ottomanes n'étoient pas encore réunies. (2).

¶ Les Peuples de Galles, les Ecoſſois, les François & les Comtes de Perci ſe liguerent contre Henry IV. Roi d'Angleterre. Ce Prince, qui connut, qu'il ne lui ſeroit pas poſſible de réſiſter à toutes ces forces, ſi elles venoient une fois à ſe joindre, ne leur en donna pas le tems. Il attaqua & défit à Sciresbori les Troupes de Perci, & celles d'Ecoſſe ; après quoi il lui fut aiſé de ſe défendre contre les autres. (3).

Un Souverain donnera ordre au Général de ſon Armée de chercher

(1) Valere Maxime.
(2) Suarez, Hiſt. des Emp. Ottom.
(3) Supplement de Foreſti.

quelque conjoncture favorable pour livrer la Bataille à des Ennemis, qui ne font pas extrêmement fupérieurs en forces, lorfqu'il a lieu de craindre, que de nouveaux Potentats ne lui déclarent la Guerre, & ne l'obligent ainfi de démembrer fon Armée, pour accourir à la défenfe d'une autre Province: ce qui le rendroit trop foible fur l'une & l'autre Frontiere. Au contraire, s'il réuffit à battre les Ennemis, qui lui font ouvertement la Guerre, peut-être les autres Princes n'oferont-ils fe déclarer contre lui ; ou du moins, aprés avoir vaincu les premiers, il lui fera plus aifé de réfifter aux feconds.

§ Louis XII. Roi de France, avoit pour Ennemis déclarés le Pape Jules II. les Efpagnols & les Vénitiens. Aiant appris, que les Anglois & les Suiffes fe préparoient auffi à lui faire la Guerre, il ordonna à Gafton de Foix fon Général, qu'avant que tous ces Confederés s'uniffent pour attaquer la France, il livrât le Combat à l'Armée du Pape & du Roi Catholique. Gafton ne tarda point d'exécuter cet ordre, & gagna la Bataille de Ravenne : ce qui rendit inutiles tous les projets , que toutes ces Puissances avoient formés contre la France. (1).

§ L'Empereur Constance apréhendant , que Julien ne lui déclarât la Guerre, se hâta de terminer celle qu'il avoit contre les Allemans. Il leur livra divers Combats consécutifs , & vint ensuite avec toutes ses forces s'opposer à Julien. (2).

Ce que je viens d'établir, ne doit point se pratiquer, lorsque vous attendez un Renfort égal ou supérieur à celui des Ennemis ; parce que le Général, qui se tient sur la Défensive , ne doit combattre que dans une extrême nécessité , ou dans une conjoncture évidemment favorable : je le prouverai dans la suite.

§ Aetius & Castinus Généraux de l'Empereur Honorius n'attaquerent point l'Armée des Suabes & des Vandales , quoiqu'ils vissent qu'elle grossissoit chaque jour. Ils attendirent les Renforts, qui devoient leur arriver ; & alors aiant guetté une occasion favorable, ils donnerent le Combat. (3).

Des Occasions où il faut éviter le Combat. c. 2.

(1) Guichardin , Hist. d'Italie.
(2) Dolce, vie des Empereurs.
(3) Dolce, vie des Empereurs.

Il est principalement nécessaire d'attendre votre Renfort, s'il consiste en des Troupes des autres Princes, qui pourroient ne pas continuer leur marche, si elles apprenoient, que les vôtres ont été battuës. D'ailleurs il ne convient pas de risquer les Troupes de votre Souverain, sans que les Auxiliaires aïent part au peril ; parce que s'il arrivoit, que ces dernieres par les pertes que vous auriez faites, fussent fort superieures aux vôtres, elles vous feroient peut-être autant & plus de mal que les ennemis mêmes : j'en ai cité ailleurs plusieurs exemples.

¶ Parmi les instructions de l'Empereur Leon à Nicephore son General, je trouve celle-ci ... *Lorsque vous aurez à faire la Guerre contre des Troupes de plusieurs Regions* (on lit dans une autre Edition de *plusieurs Religions*) *n'attaquez point, avant que tout votre Renfort soit venu joindre* (1).

(1) Maximes de Guerre de l'Empereur Leon.

CHAPITRE X.

Des précautions à prendre, lorsque les Ennemis menacent une ou plusieurs de vos Places.

J'Ai déja dit quelles font les Places, qu'un Prince, qui fe prépare à foûtenir une Guerre défenfive, doit par avance démolir ou fortifier, & dans quelles occafions il faut tirer des Troupes de l'Armée pour renforcer les Garnifons des Places, dont les Ennemis pourroient entreprendre le Siége. J'ajoûte, que fi pour renforcer les Garnifons, vous affoibliffez votre Armée, vous devez camper dans un terrain extrémement avantageux, oppofer aux Ennemis des Rivieres ou de grands défilez qu'il leur faudra néceffairement paffer pour venir vous attaquer; bien appuier vos Aîles & fortifier votre front; ou camper fous le Canon d'une de vos Places, qui fituée fur une Riviere, vous mette à l'abri d'un combat, & vous affure la retraite. Toutes ces précautions font

§. I.

§. II.

néceſſaires pour éviter, que les Ennemis ne chargent votre Armée, lorſqu'elle aura été diminuée de ce nombre de Troupes dont vous avez renforcé vos Garniſons: car les Ennemis n'auront peut-être eu d'autre intention, en menaçant vos Places, que de vous attaquer, pendant que votre Armée ſe trouve affoiblie par les Troupes, que vous en avez tirées. On peut voir à ce ſujet l'exemple du Prince d'Orange & du Maréchal de Duras, que j'ai rapporté dans un autre endroit de cet Ouvrage.

Des Occaſions, où il faut tâcher d'en venir à un Combat. c. 3. §. 2.

§. III. Ne dégarniſſez point une Place, que les Ennemis peuvent attaquer, quoiqu'il paroiſſe plus vraiſemblable, qu'ils feront le ſiége ou le blocus d'une autre: car, quand même leur deſſein auroit été d'aſſieger cette derniere, dont ils auroient déja occupé les avenuës & les poſtes, ils contremarcheront pour aller inveſtir la premiere, lorſqu'ils ſçauront, qu'elle n'eſt plus en bon état de défenſe, ni votre Armée en ſituation d'y jetter des Troupes & des proviſions de bouche & de guerre qu'on en avoit tirées. Vous m'objecterez, qu'ordinairement celui qui ſe tient ſur la défenſive, n'a pas affez de Troupes pour avoir en même-tems plufieurs Places bien garnies, & conferver un Corps d'Armée fort nombreux. Je réponds, que c'eft pour cela, que je viens de confeiller à cette Armée de choifir un terrain extrêmement avantageux pour camper. D'ailleurs il ne fera pas bien difficile de faire revenir les Troupes, dont vous aviez augmenté les Garnifons, pendant que les Ennemis s'approcheront de quelque autre Place, & qu'ils feront conduire cette quantité de Vivres, de Munitions, & autres provifions de guerre néceffaires pour aller affiéger une autre Place.

Des Sièges ?. 12. §. 2. &c.

Il eft fur-tout effentiel de ne pas dégarnir les Places, qui entourées d'étroites avenuës, ne peuvent que très-difficilement recevoir du fecours, quand même l'Armée amie feroit fuperieure à celle des Ennemis.

Voyez Tome VIII. page 30.

En traitant des *Sièges*, j'ai dit que l'Armée, qui fe met en marche pour aller faire le Siége d'une Place, fait avancer un Détachement pour empêcher non-feulement qu'il n'y entre les Troupes & les provifions de bouche & de guerre, dont elle peut avoir befoin; mais encore pour éviter, que

§. IV.

les personnes, qui ne sçauroient servir qu'à embarrasser, n'en sortent. Il
faut donc, avant que les Ennemis
soient venus occuper les Postes de
quelqu'une de vos Places exposée à
un siége ou à un blocus, en faire sortir les bouches inutiles, & particulierement les familles, qui n'auroient pas
fait une abondante provision de Vivres. A l'égard des autres, prenez garde
de vous laisser tromper, par le rapport
de ceux que vous avez commis pour
verifier quelles Denrées chacun a pour
sa subsistance : car peut-être ils auront été subornés, où ils se seront lais-
sés toucher par une compassion pré-
judiciable pour la défense de la Place.
En vain on m'opposeroit, que le Gouverneur aura toûjours le tems de mettre hors de la Place les personnes inutiles ; parce que, si l'Assiégeant les
rechasse à coups du Fusil, le Gouverneur se trouvera comme forcé de les
recevoir par un mouvement d'huma-
nité, ou par la crainte d'un tumulte
des Habitans, qui ne pourroient voir
leurs familles entre la Place & l'Armée perir de faim ou des coups des
Ennemis.

Quand même il y auroit dans la

Des Sièges, c. 19.

Place des Vivres en abondance pour la Garnison & pour les Habitans, n'y laissez pas un grand nombre d'Ecclesiastiques, de Religieux, de Femmes, de Gens de Robe & autres personnes peu accoutumées à la fatigue & au travail ; parce qu'elles décourageront les Troupes par leurs plaintes & leurs allarmes continuelles, & n'oublieront rien pour porter le Gouverneur & les Officiers à rendre plus promptement la Place. Il faut neanmoins procurer les moiens de subsister dans quelques autres lieux aux personnes pauvres, que vous obligez de sortir de la Place.

¶ Thucydide rapporte, que les Atheniens, dans l'apprehension que la Ville de Platée ne fut assiégée par les Lacedemoniens, en firent sortir les Femmes, les petits Enfans & toutes les personnes inutiles pour la défense, qui eurent ordre de se retirer à Athenes. (1).

Il est toûjours à propos de laisser dans la Place quelques Femmes de Soldats les plus accoutumées au travail & au danger, ou à leur défaut, quelques Paisanes robustes pour coudre les sacs à terre, faire le pain &

____
(1) Thucydide, L. 2.

la leſſive, & débarraſſer les Sold[ats]
de pareilles occupations ; afin qu[ils]
ſoient toûjours prêts à accourir où [le]
beſoin & le péril les appellent. L[e]
même Thucydide ajoûte, que les Pl[a]-
téens dans la conjonĉture dont je vie[ns]
de parler, laiſſerent dans leur Vill[e]
110. Femmes pour y faire le pain. (1)

Les premieres familles, qu'il f[aut]
mettre dehors de la Place, doive[nt]
être celles que vous croirez peu af-
feĉtionnées pour votre Prince. Si l[a]
fidélité de tous les Habitans vous e[ſt]
ſuſpeĉte, faites-les tous ſortir de l[a]
Place, ou déſarmez-les. Peut êtr[e]
ne vous ſera-t'il pas aiſé d'y réüſſir[;]
ſoit parce que votre Armée occup[ée]
dans quelque autre endroit, ne pou[ra]
pas vous prêter le ſecours néceſſair[e,]
ou parce que les Habitans ſuperieu[rs]
à la Garniſon refuſeront de recevo[ir]
de nouvelles Troupes. En ce cas i[l]
faut avoir recours aux ſtratagêmes[,]
dont j'ai parlé en rraitant des *Revol-*
tes ; afin que la Garniſon ait cette ſu-
periorité, que les Habitans avoie[nt]
auparavant.

Ne permettez aucun concours d'E-
trangers, à l'occaſion d'une Foire o[u]

Des Revol-
tes, c. 35. &
ſuiv.

Des Sièges,
c. 10. §. 7.

(1) Thucydide, Hiſt. L. 2.

de quelque Fête , dans une Place , dont les Ennemis pourroient occuper les avenuës ; parce qu'ils se serviront peut-être de cette conjoncture , pour enfermer dans vos murailles toutes ces bouches inutiles.

Lorsque vous prévoïez quelle est la Place que les Ennemis veulent assiéger , faites-y par avance amener des environs tout le bois nécessaire pour les feux , les Fascines & les Piquets , dont elle peut avoir besoin ; & brûlez tous les autres bois , afin qu'ils ne servent pas à l'Assiégeant. Pour empêcher , que les Ennemis ne s'approchent de la Place à la faveur de quelques Edifices , démolissez tous ceux qui se trouvent à la portée du Canon des murailles ; principalement si ces Edifices sont assez proches, pour que de-là on puisse dominer la Place avec le Fusil ; ou s'ils ont des voûtes élevées , qui bien étançonnées , soient assez fortes pour y loger du Canon.

* René d'Aubuisson , Grand-Maître de Rhodes , pour se préparer au Siége , qu'il soutint avec beaucoup de gloire contre Mahomet II. brûla dans la campagne voisine & dans les Faux-

§. V.

bourgs, qui n'étoient pas de défense, les arbres & les bois, qui auroient pû servir aux Ennemis pour
faire des Gabions, des Fascines & des
Piquets. Il rasa aussi toutes les Maisons des Champs à la faveur desquel-
les ces infidéles se seroient aprochés
à couvert : l'experience fit voir durant
le cours du Siége, que ces précautions sont extrémement avantageuses. (1).

¶ Barthelemi d'Albiano, Gouverneur de Padoüe pour la Republique
de Venise, pratiqua la même chose,
peu de jours avant d'être assiégé par
les Espagnols & les Imperiaux, qui
en 1513. furent obligés de lever le
Siége. (2)

¶ Charles V. Duc de Lorraine,
Général des Troupes de l'Empereur
Leopold Ignace brûla près de Vienne, le Bois destiné pour la chasse de
l'Empereur ; afin que les Turcs, qui
se préparoient à attaquer cette Capi-
tale de l'Empire, ne trouvassent pas
de quoi faire des Piquets & des Fascines. (3)

(3) Suarez, Hist. des Emper. Ottomans.
(2) Guichardin, Hist. d'Italie.
(3) Foresti Mappe-Monde Historique.

Outre

Outre les précautions dont je viens de parler, il est encore nécessaire, qu'en vous disposant à soutenir un Siége, vous preniez les suivantes.

Comblez les Puits & les Citernes; saignez les Mares; rompez les Fontaines; empuantissez les eaux que vous ne pourrez pas faire écouler; supposé que par toutes ces voyes vous réüssissiez à rendre l'eau rare parmi les Ennemis.

Détruisez dans le Païs voisin de la Place, que les Ennemis doivent assiéger, les Vivres, les Fourages, le Vin, l'Huile, les Légumes & toutes les autres denrées, dont l'Armée assiégeante profiteroit, lorsqu'il ne vous est pas possible de faire conduire toutes ces provisions dans quelque endroit, où les Ennemis ne puissent pas les enlever.

Si les Ennemis, pour conduire leur Artillerie & leur gros Bagage, ont necessairement à passer par des Ponts sur des Rivieres, qui ne sont pas guéables, ou par des chemins aisés à être rompus, tels que sont ceux, qui se trouvent sur le penchant d'une Montagne, & qui répondent à des précipices; rompez ces Ponts & ces Che-

§. VI.

mins ; parce que quelques heures feulement de travail, pour ruiner ces paſſages , coûteront pluſieurs jours aux
Ennemis pour les reparer.

Rompez auſſi les Digues, & ſaignez
les Rivieres, ſi vous pouvez de cette
maniere inonder les avenuës les plus
favorables aux Ennemis pour recevoir
leurs Fourages & leurs Convois ; ou
le terrain dans lequel ils doivent ouvrir la Tranchée , ou camper.

Si pour peu que l'on creuſe du côté
du Front , par lequel la Place peut
être attaquée, on trouve d'abord l'eau,
le roc ou la pierraille ; faites tranſporter la terre à la Place ; afin que les
Aſſiégeans aient beaucoup de difficulté à avancer les travaux & la Tranchée.

Dans ce même cas , & lorſqu'on
ne rencontre que du ſable volant ,
détruiſez ou faites retirer de tous les
lieux circonvoiſins les Tonneaux, les
grands Coffres, les Sacs, la Toile,
les Matelats & la Laine , que les Ennemis pourroient emploier , afin de
ſuppléer à la terre qui manque pour
la conſtruction des Batteries & des
Tranchées. Ce que de toutes ces choſes vous pourrez faire entrer dans la

Place, vous servir abeaucoup pour les Coupures, & pour les Parapets qui auront été ruinés.

Aplaniſſez les murs des Enclos, & les Hayes paralleles à la Place, & comblez les chemins profonds ſur le même alignement, qui ſe trouvent ſous la portée du Canon. Si les Ennemis ne vous donnent pas le tems néceſſaire pour finir ce travail, commencez le tout auprès de la Place; afin que du moins votre Mouſqueterie ne permette pas aux Aſſiégeans de venir d'aucun côté que par une Tranchée.

Reconnoiſſez de nouveau les Magaſins de bouche & de guerre de la Place, ſans vous fier au rapport des Entrepreneurs ou des Gardes-Magaſins. Voïez, s'il n'eſt point néceſſaire de remplacer quelque choſe, qu'on aura laiſſé perdre, ou qui manquera par la négligence ou l'infidélité des Gardes-magaſins.

Changez ceux des Gardes-magaſins, qui ne feroient pas d'une fidélité reconnuë: car quoique à l'ouverture des Portes des Magaſins il dût aſſiſter un Aide du Gouverneur, un du Commandant de l'Artillerie, &

quelquesfois un Commissaire de Guerre, on se fie ordinairement au Garde-
magasin ; qui, s'il est capable de se
laisser suborner, pourroit secrettement corrompre les Vivres, ou laisser du feu pour faire sauter les Munitions.

Il faut proportionner la quantité
des Vivres & des Munitions au nombre des Hommes de la Place, & des
jours qu'elle peut se défendre, selon
qu'elle a à soutenir un Siége ou un
Blocus. Par là on évite, que la prise
de la Place ne devienne plus utile aux
Ennemis par la trop grande quantité
de Vivres & de Munitions, qu'ils y
trouveroient de reste. On ne doit pas
néanmoins faire ce compte trop juste ;
parce que les Bombes ruinent quelquefois des Magasins ; & l'Assiégeant
n'accorde pas une bonne Capitulation
à une Place, lorsqu'il apprend par
les Déserteurs & les Espions qu'elle
n'a plus pour long-tems des Vivres &
des Munitions.

Donnez le Gouvernement de la
Place à un Officier habile, experi-
menté, vigilant, robuste, courageux,
& qui ne soit pas odieux à la Garnison.

La plus grande partie de la Garnison ne doit pas être composée de Troupes Auxiliaires, mais de celles de votre Prince, qui autrefois ont défendu des Places.

Avant de mener paître les Troupeaux de la Place par une avenuë, que votre Armée ne couvre pas, faites avancer des Partis pour aller à la découverte. Quoique ces Partis fassent toûjours l'Avant-Garde, ces Troupeaux ne s'étendront pas si loin, que des détachemens ennemis plus forts que les Partis de la Place puissent les enlever ; surtout lorsque votre Armée de secours s'est un peu éloignée.

Dans ce dernier cas, le Prince ne doit pas s'enfermer dans une Place, dont les Ennemis pourroient surprendre les avenuës pour lui couper la retraite, & vous engager ainsi à un combat désavantageux pour tâcher de sauver votre Souverain.

Vos Vaisseaux de guerre ne doivent pas non plus se tenir dans un Port, dont il sera aisé aux Ennemis de fermer l'embouchure avec leurs Navires ou par des Batteries, qu'ils dresseront sur les pointes, qui forment l'entrée du Pont.

Si votre Armée n'est pas au voisinage de la Place, que les Ennemis menacent ; aiez soin de bien garnir & de bien défendre les Ouvrages exterieurs, particulierement ceux , qui sont plus éloignés , & qu'un Détachement ennemi , qui les auroit surpris , pourroit mieux conserver , en attendant que le Gros de son Armée arrive.

Cette précaution , & celle d'avoir toutes les nuits des Patroüilles sur le Chemin-couvert & en dehors servent à empêcher , que les Ingenieurs ennemis ne s'approchent la nuit pour reconnoître le terrain & les Fortifications.

Afin de l'éviter pendant le jour , il faut , dès que quelque petite Troupe des Ennemis se presente , tirer sur elle avec le Canon des Ouvrages avancés , & avec les Fusils raïez & les Gros Mousquets , lorsqu'elle s'approche de plus près. On doit principalement ajuster les coups contre un ou deux Hommes , que l'on voit de pied-ferme , pendant que les autres escarmouchent; parce que les premiers seront des Ingenieurs , qui pour éviter , que tous les coups ne se dirigent contre eux , sont accompagnés d'une

petite Troupe , qui par ſes Eſcarmou-
ches tâche de faire diverſion du feu
de la Place. Le Gouverneur peut auſſi faire avancer quelques petits Partis
de Carabiniers & Cavalerie : ce qui
demande de la ſageſſe & de la conduite , pour ne pas les expoſer à être
coupés par une embuſcade , qui ſe
trouvera certainement derriere ou à
côté des Ingenieurs.

De Ville donne ſur ce ſujet divers
avis à un Gouverneur de Place : mais
ils ne ſauroient, ſelon moi, être mis en
pratique par la ſeule Garniſon , ſi elle
n'eſt aidée par votre Armée , pendant
que celle des Ennemis approche. J'a-
jouterai ici quelques-unes de mes réflexions à ce que de Ville propoſe ,
afin de faire mieux entendre ce qu'il
conſeille.

En traitant des *Siéges*, j'ai examiné
quels défauts un front de Place peut
préſenter plus qu'un autre : mais alors
c'étoit dans la vuë d'en profiter, afin
d'attaquer la Place par le côté le plus
foible. A preſent que je parle pour
ſa défenſe , je dóis apprendre comment on peut remedier à ces défauts. Ce
n'eſt pas aſſez pour les corriger d'y
faire travailler la Garniſon & l'Armée;

Des Siéges
c. 14.

il faut encore y emploier les Artifans
& les Pioniers de la Place & ceux des
lieux voifins.

Si ce qui fait le foible de la Place
eft de pouvoir l'approcher à couvert
par des Ravins ou le long des bords
élevés d'une Riviere, qui ne font pas
commandés de la Place ni des Tours
ou des Cavaliers, dont je parlerai
bientôt ; voiez s'il feroit plus court &
plus aifé de combler les Ravins & d'a-
planir les hauteurs des bords de la Riviere ; ou d'augmenter quelque morceau de fortification, qui s'avançât
fuffifamment pour les dominer. En ce
dernier cas aiez foin, que ce morceau
de fortification ait fa communication
couverte avec la Place, & qu'il en foit
flanqué par fon feu.

Montecuculi dit dans fes *Memoires,*
que fi à la portée du Canon de la Place on trouve une Colline qui la commande, il faut examiner, s'il ne feroit
pas poffible d'en baiffer le fommet,
ou d'en ruiner les chemins & l'efcar-
per ; afin qu'il ne foit pas aifé aux Ennemis d'y pouvoir conduire des Pieces.

Lorfqu'aucun des expediens, que
je viens de propofer, ne peut fe pratiquer ;

tiquer ; confiderez fi la Colline , &
les Ravins ne pourroient point être
commandés par des Cavaliers qu'on
éleveroit , ou par des Tours qu'il y
a dans la Place , & qu'on renforceroit
de la maniere que je l'ai dit en traitant des *Siéges*, afin d'y pouvoir placer de l'Artillerie. Par-là vous aurez
l'avantage d'empêcher les Ennemis de
s'aprocher à couvert ; les Batteries de
la Place deviennent fuperieures à celles qu'ils pourroient dreffer pour la
commander , & ils mettront plus de
tems à ouvrir leur Tranchée ; parce
qu'ils feront forcés de l'enterrer davantage. Il peut auffi arriver , qu'en
creufant ils trouvent d'abord le Roc,
l'Eau, la Pierraille , ou le Sable volant ; & alors ils font expofés à tous
les inconveniens, dont j'ai parlé auparavant.

    Je ne fçai , fi j'ai dit dans quelque
autre endroit de cet Ouvrage , que
pour faire monter au haut d'une Tour
les Canons, principalement ceux d'un
petit caiibre , ou ceux qui font cham-
brés , qui , quoique courts, ne laiffent
pas de porter fort loin, on les éleve
avec de groffes cordes attachées aux
Dauphins de la Piece , & qu'on tire

Des Siéges ?
c. 4.

avec des Chevres bien arrêtées fur le fommet de la Tour. Pour éviter que le Canon ne batte contre la muraille, on met à une diftance raifonnable du pied de la Tour une autre Chevre, d'où fortent des cordes qui s'attachent au Canon, & qu'on lâche peu à peu à mefure que la Piece monte par la force fuperieure de la Chevre pofée fur la voûte de la Tour.

De Ville, pour fe délivrer des Enfilades, propofe l'expedient ordinaire, qui eft d'élever des Epaulemens à l'épreuve du Fufil ou du Canon, felon qu'il eft néceffaire de fe garantir de l'un ou l'autre de ces feux : car quelquesfois les Ennemis ne pourront pas faire conduire de l'Artillerie fur une Montagne fort rude, d'où néanmoins avec le Moufquet & la Carabine ils enfileront une partie d'un pan de muraille. Chacun fçait, que pour fe mettre à couvert du Fufil & du Moufquet, il fuffit de cloüer de groffes Planches contre des Madriers plantés en terre ; ou de lier un double rang de Fafcines à ces mêmes Madriers ; ou enfin de pofer de doubles Fafcines fur de hauts Chandeliers.

Comme les Ennemis ne tirent pas

ordinairement sur des Hommes qu'ils ne voient pas, il y a des Ecrivains qui veulent, que ce soit assez decouvrir l'Enfilade par une Toile, qui dans sa peinture represente un fascinage. Pour moi je crois, que, quand on a des materiaux & le tems, le meilleur est de faire quelque Ouvrage solide; parce que les Déserteurs & les Espions peuvent donner avis aux Ennemis, que votre fascinage n'est qu'un Masque; & alors l'Assiégeant, au hazard de perdre ses Munitions, tirera continuellement contre cette Enfilade mal couverte.

Les Epaulemens sont encore nécessaires pour se garantir des Batteries à Ricochet dans les ruës, que les Troupes de la Garnison & les Habitans sont obligez de frequenter, & dans les endroits où l'on travaille aux Mines & aux Coupures: car le Boulet à Ricochet, lors même qu'il est tiré d'un terrain bas, fait plusieurs bonds, s'il ne rencontre aucun empêchement: mais comme il n'a pas beaucoup de force, le moindre Epaulement l'arrête.

Lorsqu'il n'est pas nécessaire, que les Epaulemens du Chemin-couvert soient fort hauts, & qu'il convient d'y construire des Coupures, un même Ouvrage sert pour les Epaulemens & les Coupures. On fait alors au pied des Epaulemens quelques dégrés, pour monter sur la Banquette, & l'on donne un peu de Talus à ces mêmes Epaulemens du côté que les Ennemis doivent venir.

Si de quelque Montagne voisine on découvre par derriere une partie du Parapet, de Ville veut que sur le Terreplein on fasse un second Parapet interieur, assez haut, pour que les Soldats, qui seront entre deux, ne soient pas vûs; & assez éloigné du Parapet exterieur, pour qu'il ne nuise pas au recul des Pieces. Si le Terreplein se trouve un peu étroit pour tout cela, on y monte sur des Affuts Marins les Canons, qu'on croit nécessaires. Si cette précaution ne suffit pas encore, on releve les Plattesformes par derriere un peu plus qu'à l'ordinaire; afin que la Piece recule moins.

On doit avec des Pierres fermer à Chaux & à Sable les Ouvertures des Grotes qui regardent la Campagne, lorsque les Mineurs Ennemis peuvent par là s'introduire aisément.

Afin de se mettre à couvert d'une surprise, il faut faire la même chose à l'égard des Portes de la Place, qui ne sont pas nécessaires pour les sorties ou pour recevoir des secours. Il faut encore plus particulierement fermer les Portes des Maisons des Habitans, qui ont vûë sur la Campagne ; comme cela se trouve dans certaines Places, qui ne sont pas situées sur la frontiere, & dont les Gouverneurs n'ont pas eu la prévoïance de remedier à l'abus que les Habitans en peuvent faire.

On doit démolir les maisons attachées à la muraille d'un Front, qui peut être attaqué ; afin que les ruines de la face exterieure de ces Maisons ne servent pas pour aider à monter à la Breche, & que celles des murailles interieures n'embrassent pas la Coupure.

Aïez attention que les grilles de fer des Aqueducs & des Ruisseaux, qui ont leur débouchement à la Campagne soient bonnes, & qu'il y ait toûjours des Sentinelles. On peut éviter par cette précaution un coup de surprise.

Faites visiter les Contremines, les Portes, les Barrieres, les Orgues, les Herses & les Ponts-Levis, afin de les mettre en bon état de servir durant le Siége.

Donnez ordre, qu'on ouvre des Puits dans les endroits, où par avant ce l'on n'a pas fait des Contremines, afin que du fond de ces Puits il soit aisé de rencontrer le Mineur ennemi, & de construire des Fourneaux pour faire sauter ceux, qui monteront à l'Assaut, de quelque côté que l'Assiégeant fasse Breche. On tient ces Puits couverts, pour éviter que l'eau de la pluie ne les rende inutiles.

Des Siéges, c. 16. §. 56. Si le Fossé de la Place n'est pas dans le Roc, ou s'il n'est pas plein d'eau, ouvrez au fond de ce Fossé une Cunette profonde dans les endroits les plus exposés aux Mines de l'Assiégeant, afin que les Mineurs ennemis ne puissent pas construire une Galerie souterraine.

Le Général Montecuculi, dont les reflexions sont toûjours justes, dit dans ses *Memoires*, que puisqu'une Place n'a jamais sur terre autant d'Hommes que les Assiégeans, elle doit chercher sa défense sous terre, où les Ennemis ne peuvent pas emploier plus de monde que la Garnison de la Place.

La Cunette, que j'ai proposé de faire dans le Fossé, sert aussi, en ce qu'une partie des Ruines de la Muraille venant à y tomber dedans, la Breche, que le Canon des Ennemis fait, ne sçauroit être si accessible.

L'Artillerie de la Place est inutile dans l'Ouvrage, que les Ennemis battent ; parce qu'ils la démonteroient bientôt : par conséquent c'est à droite & à gauche de l'endroit où les Assiégeans ouvrent la Breche, qu'on doit mettre les Canons de la Place ; les gros, pour servir de Contrebatteries ; & les petits, pour tirer contre ces parties de Tranchées ou de Batteries de l'Assiégeant, qu'ils enfilent ou qu'ils commandent, contre les logemens sur le Glacis, le Chemin-couvert & dans le Fossé ; contre les toits & les fenêtres des maisons, où les Ennemis ont mis des Fusiliers ; & dans les ruës des Fauxbourgs qu'ils occupent, & que vous n'avez pû démolir.

Il faut surtout garnir de beaucoup d'Artillerie les Flancs collateraux à la Breche, pour tirer à Cartouche contre les Ennemis, qui montent à l'Assaut. On éprouva à la derniere défense de la Citadelle de Turin, que

Des Siéges,
C. 14. §. 14.

les Pieces, qui se chargent par la Cu-
lasse, & qui dans un même espace de
tems tirent beaucoup plus de coups,
sont préferables aux Pieces ordinaires.

Après avoir déterminé les Postes
où l'on doit placer l'Artillerie, on y
construit des Plateformes, & l'on ren-
force les Parapets jusques à l'épaisseur
de 25. pieds. Ce ne doit point être
pour tirer à Barbette ; parce que de
cette maniere les Ennemis démontent
trop facilement les Pieces.

Les nouvelles Embrasures se tiennent fermées par dehors jusques à ce
qu'il faille s'en servir ; afin que l'Assiégeant, ne connoissant pas où elles sont,
laisse quelque endroit de la Batterie ou
d'un Boïeau de Tranchée exposé à l'enfilade de la Place, & soit ainsi obligé
à perdre une seconde fois du tems &
des Munitions pour reparer son Ouvrage, ou à contrebattre vos Pieces
qui l'incommodent. Quand on a du
Gazon, on en construit tous les Mer-
lons : car cette matiere resiste mieux
que toute autre au Canon des Ennemis ; & les Boulets par les éclats,
qu'ils font sauter, ne maltraitent pas
tant les Canoniers de la Place, que si
les Parapets étoient de Pierres ou de
Briques.

On augmente le Terreplein de tous les endroits où l'on doit placer de l'Artillerie; afin que le Canon ait le terrain néceſſaire pour ſon recul.

J'ai déja parlé dans un autre endroit de la maniere de coſtruire les Batteries & de les ſervir de jour & de nuit. Je dois ajoûter ici, qu'afin que dans le cas, dont nous parlons, l'Aſſiégeant ne ruine pas celles des Flancs qui ſont aux deux côtés de la Breche, on doit baiſſer ces Flancs autant qu'il faut, pour qu'ils ne ſoient pas incommodés par les Boulets, qui par la face du Baſtion raſent la Breche ouverte au-près de l'Angle de l'Epaule. Cette pré-caution ſert auſſi pour éviter, que les Ennemis ne battent de loin les Flancs: ainſi que je l'ai prouvré en traitant des *Sièges*. C'eſt là que je crois avoir déja dit, conformément au ſentiment de Montecuculi, que les Flancs ſont à l'égard d'une Place, ce que ſont les bras à l'égard du corps humain, qui ne peut ſe défendre ſans bras, non plus qu'une Place ſans Flancs. Par conſé-quent, ſuppoſé que les Flancs d'une Place ſoient courts, ou que la ligne de défenſe ſoit fort longue, conſtrui-ſez devant cette partie de muraille un

Des Siéges c. 16.

Ouvrage , avec de la terre que vous tirerez de son propre Fossé.

On peut aussi remedier au défaut d'une trop longue défense pour le Fusil , en aiant dans la Place une bonne provision de Mousquets , que l'on garnit de Platines comme celles des Fusils ; afin de les délivrer des inconveniens de la Meche, qui par ses étincelles peut mettre feu aux Munitions du Soldat ; qui dans un tems de pluie ne communique pas son feu à l'amorce, ou qui avant que le feu prenne , laisse emporter l'amorce par le vent, lorsqu'on ouvre le Bassinet.

Il est encore d'usage de faire un Ouvrage exterieur de terre dans les endroits où la muraille se trouve foible , & où le Terreplein n'est pas bon : sourtout lorsque les Edifices voisins empêchent d'augmenter le Terreplein.

Il est toûjours essentiel d'ajoûter au Glacis la terre qui lui manque ; afin d'éviter que les Assiégeans ne le rompent de loin , & qu'ils ne puissent par conséquent par son ouverture faire breche à la muraille , sans être obligés de former de secondes Batteries au haut du même Glacis. Il seroit aussi important, qu'il y eût à ses Angles saillans,

lins des Rameaux & des Chambres
pour des Fourneaux & des Fougaſ-
ſes ; afin qu'il en coutât du tems & du
monde aux Ennemis pour les découvrir ; & afin de faire ſauter les Batteries qu'ils y auroient établies.

Lorſqu'une Place n'a qu'un ſeul
Front , par où elle puiſſe être attaquée , il eſt bon de faire travailler par
avance aux Coupures , que l'on garnit enſuite de Canons de fer , & des
autres dont les lumieres ont commencé à s'évaſer , & qui , ne ſe trouvant
plus en état de tirer pluſieurs coups
de ſuite , ne ſçauroient ſervir dans un
autre Poſte.

La terre néceſſaire pour tous ces
Ouvrages ſe tire de la Cunette qu'on
ouvre dans le Foſſé , ou du Foſſé
même ; ſuppoſé qu'on ne juge pas plus
à propos de la prendre dans quelque
autre endroit , où elle pourroit faire
faute aux Ennemis pour la conſtruction de leurs Batteries & de leurs
Tranchées : comme cela peut arriver
dans un terrain , où , pour peu que
l'on creuſe, on trouve d'abord le roc
ou l'eau. Lorſque la Place eſt ſituée ſur
quelque grand penchant , on a coûtume de tirer la terre de quelque petit

avancement exterieur, qui se trouve dans ce talus, & qui pourroit retenir les ruines de la muraille : ce qui serviroit à rendre plûtôt la breche accessible.

S'il n'y a pas un nombre de Puits ou de Citernes dans la Place, on les remplit entierement avec de l'eau qu'on fait transporter des environs ; afin de n'en pas manquer, supposé que les pluies n'en donnassent pas assez. On couvre l'ouverture de ces Puits & de ces Citernes avec des Chevalets faits de grosses planches, de maniere que les Bombes ne puissent pas s'y détenir dessus.

Si les Magasins de la Place ne sont entierement à l'épreuve de la Bombe, on distribuera les Vivres & les Munitions en un grand nombre de Magasins ; afin de ne pas perdre d'un seul coup une trop grosse quantité de ces Provisions. Quoique le Magasin de Poudre soit ordinairement à l'épreuve de toute sorte de Bombes, je ne voudrois pourtant pas, qu'on mît toute la Poudre dans un seul Magasin, à cause du danger des Eclairs, qui la cherchent : ainsi que l'experience nous le fait voir. J'en donnerois volontiers.

la raison, en disant, que c'est par une simpathie du souffre, si je ne craignois, qu'une Troupe de Physiciens modernes ne s'élevât contre moi.

Les Voûtes des Magasins, qui ne sont pas assez fortes, s'étaïent avec de grosses planches, appuïées au haut de la Voûte, & soûtenuës par de forts Etançons de bois de Chêne. On les couvre pardessus de Fumier & de Fascines, & l'on jette un peu de terre pardessus. De cette maniere la Bombe ne sçauroit écraser la Voûte par son poids, ni communiquer son feu aux Fascines. On doit pratiquer la même chose par rapport au Magasin des Armes, lesquelles on doit faire raccommoder, & les mettre en bon état de servir.

Si le front d'une Place, qui répond à une Riviere, un Lac ou à la Mer, est foible & peut-être battu, on plante dans ces eaux un double rang de gros pieux, qui entrent six ou sept pieds en terre, & dont les têtes sont à fleur d'eau ; afin que les Ennemis avec leurs Chaloupes n'abordent pas à la breche. Pour empêcher qu'ils ne puissent arracher cette Palissade avec des Cordes & des Cabes-

tans, qu'ils porteront fur ces mê
Chaloupes, on placera quelques C
nons & quelques Pierriers dans un Po
te, d'où cette Paliſſade ſoit déco
verte. On la ſoutiendra auſſi par d
Retranchemens deFuſiliers & deMou
quetaires.

Je ſuppoſe, que vous fournirez l
Place d'une quantité ſuffiſante de Pic
de Peles, de Hottes, & d'Outils d
Mineurs. Je ſuppoſe encore, que,
ſon ſol eſt de roche ou de ſable, vou
y ferez tranſporter beaucoup de terre,
& un grand nombre de Sacs, de Ga
bions, de Tonneaux, de Faſcines & d
Piquets pour les Coupures & pour ré
parer lesParapets. J'ai déja dit qu'il fau
prendre dans les lieux voiſins des Ma
telas & des ſacs de Laine, qui ſerve
à ce même uſage, & pour les Hôpi
taux, qu'on doit, autant qu'il eſt poſ
ſible, établir dans des Edifices à l'é
preuve de la Bombe ou hors de ſ
portée, & les pourvoir de bons Mé
decins, Chirurgiens, Médicamens,
& de toutes les autres choſes néceſſai
res.

On a beſoin de beaucoup de Faſ
cines goudronnées, pour voir les En
nemis dans le Foſſé; & d'une quan-

...... de Barrils de Poudre avec une
...sée à un des fonds, pour les jetter
... la Breche contre ceux, qui se dis-
.....sent à y monter. Il faut aussi pour
... même fin quelques Barriques char-
...ées de Poudre, de Bombes & de
Grenades. Quelques-uns veulent, qu'on
... mette sur des rouës; afin qu'elles
...oulent plus facilement par la Breche.

Les Places bien fortifiées s'aprovi-
sionnent ordinairement pour quatre
...ois contre une attaque de vive force;
c'est-à-dire, pour trois mois de défense, à compter du jour que les Ennemis ont occupé les Avenuës, & pour
...n mois de provisions de reserve, de
peur que faute de provisions, l'Assiégeant ne prétende, que la Place se
...ende à discretion.

Quand la Place se prépare à soûtenir un Blocus, à cause que sa situation avantageuse ne l'expose pas à un
Siége, on doit y faire entrer autant
de Vivres & de bois, qu'elle peut en
contenir; quelques Moulins, & des
Chevaux ou des Bœufs pour tourner
les Meules; du Fourage pour ces Ani-
maux, & pour ceux qu'on destinera,
à changer d'un lieu à un autre l'Artillerie, les Provisions des Magasins

ruinés par les Bombes, la terre,
tout ce qui est nécessaire pour les C
pures, en cas que le Blocus se cha
geât en un Siége. Je suppose, qu'o
fera aussi une bonne provision de Fo
rage pour la Cavalerie & pour les B
tiaux, qui doivent servir pour la nou
riture de la Garnison & des Habitar

Il arrive quelquesfois, qu'une A
mée peu forte, après avoir fait d'inu
tiles efforts pour prendre une Plac
trop bien fortifiée, en réduit le Siég
à un Blocus. Dans ce cas fournissez-l
d'une assez grande quantité de Prov
sions de bouche & de guerre, qu'ell
soit en état de soûtenir l'une & l'autr
de ces operations.

¶ Le bruit s'étant répandu en 1719
que les Imperiaux envoïoient le Com
te de Bonneval avec douze mille Hom
mes pour faire le Siége de Cagliari
le Gouverneur de cette Place, qu
avoit trois mille Hommes de bonne
Troupes, crut que les Ennemis en pe
droient beaucoup à cause de la saison
& du mauvais air du Païs; & par con
séquent, qu'ils se verroieut obligés
réduire le Siége en Blocus, en atten
dant qu'ils pûssent recevoir de nouvel
les Troupes. Dans cette vûë il fit une

provision

provision de Munitions pour un tems raisonnable, & de Vivres pour une année.

Ce qui empêche ordinairement d'approvisionner suffisamment une Place, qui doit soûtenir un Blocus, est la difficulté de trouver un assez grand nombre de Magasins à l'épreuve de la Bombe ou hors de sa portée ; afin de mettre autant de Vivres qu'on en a besoin dans les lieux propres à les conserver : Car le Grain, la Farine, le Biscuit & les Legumes demandent un endroit sec & aéré ; le Vin un endroit froid ; & la Viande salée un Magasin frais sans humidité. Le Bois se met en tas dans les Places, & sert ainsi d'Epaulemens contre les Bombes. On divise les Fascines & le Fourage en differents Postes ; afin que les Bombes ne brûlent pas en une seule fois une grosse quantité de ces Provisions. C'est pour éviter ce malheur du feu, qu'on les appuie contre de hautes murailles, qui se trouvent entre ces sortes de Provisions, & le Front attaqué ; parce qu'alors la Bombe donne contre la muraille, ou elle passe au-delà du Magasin.

Le Gouverneur doit arrêter dans sa Place, ou faire venir des lieux voisins les Forgerons, les Taillandiers, les Armuriers, les Maçons, les Tailleurs de Pierres, les Tonneliers, les Charretiers, & les Pioniers, dont il peut avoir besoin durant le Siége. Il doit avoir une bonne provision de grosses Planches & autres bois, de charbon pour les Forges, & de Fer. Il donnera les ordres convenables pour éviter, que ces Ouvriers & ces Artisans ne s'échapent ou se cachent. On doit néanmoins les bien traiter, & les païer non seulement à proportion du travail qu'ils auroient fait dans leurs Maisons, mais leur donner encore quelque chose de plus, par rapport au péril où ils font exposés dans la Place.

§. VII. Je ne me suis point attaché ici à entrer dans un détail exact des Hommes de chaque Profession & de toutes les fortes de Provisions, dont chaque Place auroit besoin pour sa défense; parce que ce détail formera une partie des *Calculs Militaires*, que j'ai promis de donner au Public. D'ailleurs le Généralissime, pour qui j'écris principalement, commettroit une très-grande faute, s'il s'enfermoit dans la Place; puisque son devoir est de se tenir en liberté, afin de disposer le secours, de donner les ordres néceſſaires à l'Armée & à tout le Païs d'alentour.

9. Lorſque Bacchide attaqua Beth-Beſſen, Jonathas Machabée, Chef du Peuple de Dieu, laiſſa Simon ſon Frere dans la Place; mais Jonathas en ſortit pour tenir la Campagne. (1)

(1) Reliquit Jonathas Simonem Fratrem ſuum in Civitate, & exiit in regionem, & venit cum numero. Et percuſſit Odaren, & Fratres ejus, & filios Phaſeron in tabernaculis ipſorum; & cœpit cædere, & creſcere in virtutibus. *Machab. 1. c. 9. v. 65.*

CHAPITRE XI.

Quels avantages il y auroit de retrancher par avance l'Armée auprès de la Place, qui doit ſoûtenir un Siége ou un Blocus. Quelle ſorte de terrain ſeroit plus favorable pour cette operation.

§. I.

SI dans le voiſinage de la Place, que les Ennemis ont deſſein d'inveſtir, il y a quelque terrain, dont la ſituation, aidée par l'Art, puiſſe mettre en ſureté votre Armée, & lui donner

en même-tems la facilité de recevoir
ſes Fourages & ſes Vivres, dont auparavant on aura fait une abondante Proviſion, ne differez point de vous bien
fortifier dans ce terrain ; afin d'incommoder les Détachemens, les Fourages, les Convois & les Travaux des
Ennemis, toutes les fois qu'à la faveur
de ce voiſinage il ſe preſentera quelque occaſion favorable.

¶ Don Ferrant Gonzague donna ce
conſeil à l'Empereur Charles V. pour
empêcher les François de prendre la
Place de Renti, dont ils furent enfin
contraints de lever le Siége par les
incommodités, que le voiſinage des
Imperiaux leur cauſoit chaque jour. (1)

¶ Amilcar avoit déja mis le Siége
devant Himera, lorſque Gelon avec
une Armée inferieure à celle des Carthaginois s'aprocha de cette Place. S'étant fortifié auprès, il leur fit dix mille Priſonniers dans differentes courſes
contre leurs Fourages & leurs Détachemens. Enfin il ſçût ſi bien profiter
de toutes les conjonctures favorables,
qu'il les obligea de lever le Siége. (2)

¶ Daphenée Capitaine de Syracuſe,

(1) Guerre d'Albert Lazzari.
(2) Diodore de Sicile, l. 12. c. 5.

que une même conduite, & il inquie-
te si fort les Ennemis, qu'Himilcon
Carthaginois étoit sur le point d'abandonner le Siége de Gergenti, lorsqu'il
eut le bonheur de prendre sur Mer un
Convoi de Vivres, que de Syracuse on
envoïoit, à la Place assiégée. (1)

Ce voisinage de votre Armée servira encore pour empêcher les Ennemis
d'oser donner l'Assaut à la Place, ou
du moins d'y envoïer beaucoup de
Troupes ; parce qu'ils auroient à craindre de manquer de forces pour s'opposer à votre Armée, si elle les attaquoit pendant l'Assaut.

¶ Le Maréchal de Montluc, qui
est de ce sentiment, rapporte l'exemple de François I. Roi de France,
lorsque les Troupes de l'Empereur
Charles V. avoient dessein d'assiéger
Marseille. (2)

¶ Metellus se vit obligé de lever le
Siége de Zama ; parce que les deux
fois qu'il entreprit de donner l'Assaut
à la Place, il fut toûjours investi par
l'Armée de Jugurtha ; de sorte que
Metellus se trouvoit contraint d'abandonner l'Assaut, & de rappeller les

(1) Diodore de Sicile, l. 13. c. 28.
(2) Com. de Montluc.

Affaillans , pour venir s'oppofer
la Ligne à Jugurtha, qui l'attaquoit.

Le moindre avantage , que l'on p
fe tirer de ce voifinage , eft que
Ennemis , pour ne pas rifquer d'ê
attaquez pendant l'Affaut , accor
ront à la Place une Capitulation ava
tageufe.

¶ Les Troupes du Pape & celles
Roi d'Efpagne faifoient en 1521.
Siége de Ferrare. Mr. de Lautrech
Général de l'Armée de France, fe v
camper à fept milles de cette Plac
dans la vûë, que Mr. de l'Efcut fo
frere, qui la défendoit , & qui éto
fur le point de la rendre, obtint u
meilleure capitulation. Mais l'éven
ment paffa fon attente : car Profp
Colone, aïant apprehendé, que La
trech ne l'attaquât durant l'Affaut
prit la réfolution d'abandonner l'entr
prife. (2)

§. II.   Si le terrain eft favorable pour me
tre en fûreté votre Armée, fortifie
vous dans un Pofte, d'où vous pui
fiez enfiler ou commander l'endro
par lequel il y a lieu de croire, que le
Ennemis dirigeront la Tranchée, leur

(1) Saluft. Bellum Jugurth.
(2) Guichardin , Hift. d'Italie.

[...]es & leurs Mines contre le Front
[le plus foi]ble de la Place ; ou dans le-
[quel ils] camperoient commodément leur
[Armée] sans craindre les inondations,
[le mauvais ar], la disette d'eau, ou
[quelqu'un] des autres désavantages
[qu'on] ne peut souvent éviter dans les
[Campemens.

[S']il ne se trouve point au voisinage
[de la] Place de terrain avantageux,
[fortifiez] une étroite Avenuë, qui ser-
[viroit] aux Ennemis pour recevoir de
[ce] côté-là sans empêchement leurs
[Fourages] & leurs Convois ; qui les
[dispenseroit] du travail d'une grande
[circon]vallation, & qui vous ôteroit la *Des Siéges &*
[facilité] de jetter du secours dans la Pla- *2. §. 8. &*
[ce], quand même votre Armée seroit *c. 13. §. 9.*
[devenuë] plus nombreuse que celle de
[l'As]siégeant.

[Il] est encore plus important de se for-
[tifier] sur une étroite avenuë, lorsqu'il
[n'y] a que celle-là pour s'approcher & *Des Siéges.*
[faire] l'investiture de la Place ; ou que *c. 21. §. 3.*
[vous] les réduisez toutes à une, en ren-
[dant] les autres impraticables par les
[moiens], dont j'ai parlé en traitant des
[Siéges.

Il seroit sur-tout très-avantageux de
[vous] fortifier dans un Poste, qui vous

conſervât la communication libre avec
la Place : car pouvant alors recevoir
tous les ſecours, dont elle a beſoin,
& ſe décharger chaque jour des Malades & des Bleſſés, elle ne doit point
ſe perdre, quelque long que ſoit le
Siége.

¶ Le Comte Maurice de Naſſau fut
obligé d'abandonner le Siége de Bois-
le-Duc; parce que le Comte Frederic de Bergh vint ſe retrancher avec
l'Armée de l'Archiduc Albert dans ce
Poſte, qui lui donnoit une communication libre avec la Place. (1)

Par cette communication avec la
Place, vous fatiguerez extrêmement
les Ennemis lorſqu'ils ſeront obligés
de garnir la Tranchée de ce grand
nombre de Troupes néceſſaires pour
s'oppoſer aux ſorties, je ne dois pas
dire de la Garniſon, mais de toute l'Armée ; parce que d'un moment à l'autre vous pourrez fournir à la Place
tous les Soldats & les Regimens, dont
elle aura beſoin pour faire de puiſſan-
tes ſorties.

Des Sièges,
25.

(1) Bentivoglio, Hiſt. de Flandres.

CHAPITRE

CHAPITRE XII.

De quelle maniere on peut s'approcher d'une Place, dont les Ennemis ont déja occupé les avenuës, & y envoyer de l'argent, quoiqu'il y ait une Riviere, ou d'étroites avenuës à passer, & dont le passage n'est pas libre à vos Troupes. Comment on peut faire entrer à la dérobée un secours de Vivres, de Munitions ou d'Hommes, lorsque cet empêchement ne s'y rencontre pas, & que votre Armée est proche. Maniere de faire sortir de la Place les Troupes qui y ont introduit les Provisions de bouche & de Guerre, & les autres personnes qui y sont inutiles. Expediens pour jetter furtivement dans la Place un secours de Vivres, de Munitions & de Trou-

pes, lorsque votre Armée se trouve éloignée.

§. I.

IL peut arriver, qu'il vous soit impossible de réussir dans ce que je viens de proposer au Chapitre précedent; parce que l'Armée ennemie aura surpris les Postes d'une Place autre que celle, dont vous aviez conjecturé, que les Ennemis avoient dessein d'entreprendre le Siége; ou parce qu'avant de vous fortifier au voisinage de la Place, qui étoit menacé, vous n'aviez pas encore assemblé les Troupes, qui viennent joindre ensuite en assez grand nombre, pour pouvoir approcher des Ennemis. Dans ce cas commencez à attaquer & à vous rendre maître de tous les Châteaux, de tous les Lieux fortifiés, & de tous les autres Postes avancés de la Ligne ennemie, qui se trouvent sur votre avenuë; afin qu'aucun n'incommode vos Convois & vos Fourages, lorsqu'en vous approchant des Ennemis vous laissez derriere ces Châteaux, ces Forts de Campagne & ces Villages retranchés.

ſ Alexandre Farnese, pour tâcher

de secourir Paris, sans être forcé d'en
venir à un Combat Général, s'empa-
ra d'abord du Château de Lagni; afin
qu'à la faveur de ce Château il pût s'a-
procher de cette grande Ville, qui fut
enfin secouruë. (1)

Si les Postes que vous venez occuper, ne sont pas assez voisins de la
Place, approchez-vous-en le plus qu'il
vous sera possible. Aïez soin de vous
bien retrancher, quand même vous seriez superieur, & dressez des Batteries dans des endroits, qui enfilent ou
qui commandent les Batteries de l'Armée ennemie; afin de tenir toûjours
les Ennemis inquiets.

*Des Campe-
mens, C. 4.*

Il est quelquesfois impossible de faire entrer des Troupes dans la Place
assiégée; soit parce qu'il y a une grande Riviere qu'il faudroit passer; soit
parce que les étroites avenuës par lesquelles il faudroit pénétrer sont si bien
défenduës, qu'elles servent d'une sûre
circonvallation à l'Assiégeant. Dans ce
cas si la Place est en danger de se rendre faute d'argent, comme cela seroit
arrivé à Pavie, lorsque les François
en firent le Siége contre Charles V.
Il suffira de vous approcher de la Pla-

§. II.

Voïez C. 16.

(1) Foresti, Mappe-Monde, Hist.

P ij

ce à la portée de vos gros Mortiers
d'où par des Bombes tirées avec
précaution, dont je parlerai dans
ſuite, vous jetterez dans la Place tou
l'argent qui lui ſera néceſſaire.

§ François Zignoni, Ingenie
dans l'Armée de Philippe IV. R
d'Eſpagne, introduiſit dans Turi
dont les François faiſoient le Siég
un ſecours de Poudre, de Sel &
Farine par le moïen de certaines Bom
bes, ou Boules de métail, que d'
Poſte voiſin il jetta avec des Mortie
dans la Place. (1) Il eſt aiſé de com
prendre qu'il eſt infiniment plus ai
de mettre en uſage cet expedient
l'égard ſeulement d'une ſomme d'ar
gent, que par rapport à une quanti
de proviſions de bouche & de guer

J'ai prouvé dans une endroit de c
Ouvrage par l'exemple de Don Ch
les de la Noya, que l'on peut da
une nuit obſcure faire entrer de l'O
dans une Place par des Hommes
réſolution, qui déguiſés en Vivr
diers ou Soldats des Aſſiégeans,
vancent peu à peu à la tête de l
Tranchée, pour paſſer de-là à la Pl
ce.

Des Siéges, Tome IX. page 195.

(2) Foreſti Mappe-Monde Hiſtorique.

Ce qui se pratique ordinairement, quand une Place manque d'argent, est que le Gouverneur fait battre une sorte de monnoie de fer, de cuivre, & d'autre métal ; ou il distribue des Billets signés de sa main & scellés de ses Armes. Tout cela, après un Ban qu'il fait publier, a cours selon la valeur qu'il lui donne. Par le même Ban il doit promettre, qu'après le Siége, le Prince remboursera exactement en especes d'or & d'argent tous ceux qui seront porteurs de ces Billets, ou de ces nouvelles Monnoies. Pour l'ordinaire les Troupes de la Nation acceptent la Loi sans beaucoup de répugnance : mais il n'en est pas de même des Etrangers, qui préferent presque toûjours à leur interêt particulier l'importance du service ; ainsi que je l'ai prouvé au long en traitant *des Dispositions avant la Guerre.*

Après vous être approché de la Place, vous conviendrez avec son Gouverneur par les correspondances & les signaux, dont je parlerai plus bas, de la nuit qu'il doit être prêt pour détacher une partie de sa Garnison ; afin d'animer les Troupes du secours à arriver promptement par le chemin

§. III.

Voïez C. 16 & 17.

que vous leurs preſcrivez. Avant de nommer les Troupes & de commencer à charger en croupe de la Cavalerie, ou de mettre dans les Havreſacs de l'Infanterie la Poudre, le Plomb, les Pierres, la Farine & les autres Proviſions dont la Place peut avoir beſoin, entourez votre Camp de Sentinelles, & donnez vos ordres pour que la marche ſoit conduite avec les précautions dont j'ai parlé en traitant des *Surpriſes.* Deſtinez en même-temps des Partis, qui par un chemin different de celui, que tiennent les Troupes du ſecours, iront donner vivement l'allarme aux Ennemis: ce que la Garniſon fera auſſi preſque en même-tems que vous commencerez la veritable attaque.

§ Cette conduite réüſſit parfaitement à Mr. Norrits, lorſqu'en 1580, les Eſpagnols faiſoient le Siége de la Place de Steenwiyck, & qui fut ſecouruë par les Troupes des Provinces - Unies, que Norrits commandoit. (1)

Les Ennemis ſe tiendront moins ſur leurs gardes, plus votre Armée ſe trouvera éloignée : par conſéquent ſi elle n'eſt pas au voiſinage de la Place

Des Surpriſes, C. 5. §. 3. & C. 6.

Des Surpriſes, C. 6. §. 3.

______
(1) Meteren, Hiſt. des Païs-Bas.

vous pourrez la secourir par un Détachement, qui marchera secrettement pendant la nuit, & qui en feignant d'être un Détachement de l'Armée ennemie s'avancera autant qu'il pourra de la Place sans donner l'allarme. Pour mieux réüssir par ce stratagême, il faudroit, que les Assiégeans ne se fussent pas encore retranchés, & qu'il n'y eut pas encore des Barrieres à passer pour traverser leur Camp. Il est nécessaire qu'il y ait dans ce Détachement des Officiers & des Soldats, qui entendent en perfection la Langue des Ennemis, & qu'ils la parlent en marchant; afin que les Assiégeans croïent plus facilement que ce sont de leurs Troupes.

Je conviens, que ce Détachement ne pourra pas conduire un fort gros Convoi; néanmoins on chargera chaque Soldat & chaque Cheval d'autant de Munitions & de farine qu'ils en pourront porter, sans que cela fasse un certain Volume, qui donne à soupçonner l'artifice. Il se peut aussi, que la Place n'ait besoin, que d'un secours d'Hommes & d'Argent : en ce cas on distribuera l'argent entre les Officiers. On choisira pour cette

opération des Soldats de confiance &
de beaucoup de valeur; afin qu'ils ne
découvrent pas le secret pendant la
marche, & qu'on puisse compter sur
leur bravoure. Si ce Détachement est
reconnu, il doit avec vigueur attaquer
les Ennemis, qui voudroient s'opposer à son passage.

¶ Demosthene, fils d'Alcistene, Capitaine Athenien, aïant formé son
Avant-garde de Messeniens, & les
aïant prévenus de parler hautement la
Langue Dorique, se mêla dans un
Corps de Troupes Ambraciotes, qu'il
surprit, parce qu'on n'avoit point soup-
çonné, que ce Détachement de Demosthene fût ennemi. (1)

¶ Dans la derniere Guerre des Al-
liez contre les deux Couronnes, le
Chevalier de Luxembourg s'acquit
beaucoup de gloire par une pareille
conduite, s'étant servi du même stratagême pour faire entrer des Munitions dans Lille qui étoit assiégée. C'est
ainsi, que me l'ont raconté divers Officiers François qui servoient dans ce
Païs.

¶ Lorsqu'en 1522. Mr. de Lautrech
faisoit le Siége de Pavie, Prosper Co-

(1) Thucydide, Hist. L. 3.

tone envoïa un secours d'Italiens & d'Espagnols commandés par Cullio & Corbera. Ce Détachement, en passant auprès des Troupes Françoises, parloit Italien, & les François crurent, que c'étoient un Détachement de Venitiens leur Alliés. En passant devant les Italiens, qui servoient la France, il parloit François, & les Italiens le prirent pour un Détachement de Gascons. De cette maniere il arriva jusques aux dernieres Gardes, sans être obligé de combattre, & il entra librement dans la Place. (1)

§ Junius Pacheco, Général Espagnol dans les Troupes de Céfar, eut ordre de marcher avec six Cohortes & un Corps de Cavalerie pour aller secourir la Place d'Ulla, dont Pompée faisoit le Siége. Il arriva au Camp des Assiégeans, & les Sentinelles aïant crié, *qui vive ?* Un Soldat de Pacheco répondit, *paix, point de bruit : Nous sommes des Troupes de Pompée, qui allons pour surprendre la Ville.* A cette réponse les Sentinelles laisserent passer le Détachement de Céfar, qui sans en venir à un combat, secourut la Place. (2)

(1) Porcharchi Notes sur Guichardin.
(2) Commemor. de Céfar.

En traitant des *Surprises*, j'ai fait voir, que dans pareilles entreprises il est important de connoître la qualité du terrain & l'alignement des Troupes des Ennemis ; de sçavoir quel est leur mot de guet, le Poste de la Grande Garde , la Nation dont elle est composée , & le Chemin ordinaire que tiennent leurs Partis ; afin d'éviter de les rencontrer dans la marche ; d'éluder le peu d'exactitude de ceux qu'on ne sçauroit éviter ; & de sçavoir choisir , pour traverser le Camp ennemi l'endroit où sont les plus mauvaises Troupes & en plus petit nombre , & sur-tout celui d'où les Ennemis auront tiré cette nuit une Brigade pour monter la Tranchée ou pour quelque autre expedition ; principalement s'ils n'ont pas eu soin de couvrir ce Poste par un égal nombre de Bataillons ou de Piquets.

Quelques Soldats d'Infanterie porteront des Beches & des Peles pour jetter dans le fossé la terre de trois ou quatre toises du Parapet de la Ligne des Ennemis ; de grandes Haches pour mettre en pieces les Barrieres , qui se rencontrent sur cette avenuë ; afin de fraïer un chemin à la Cavalerie , aux

Des Surpri-
ses, C. 17. §.
2. 4. & 5.

Mulets & aux Chevaux de charge du secours.

Chaque petite Troupe doit avoir un bon Guide, qui connoisse parfaitement tout le terrain jusqu'à la Place, pour ne pas perdre le chemin par l'obscurité de la nuit, & par les retours de la Tranchée, quand on viendra à rompre l'ordre de la Marche par le feu, que les Assiégeans feront, lorsqu'ils connoîtront, que le Détachement est ennemi.

Vous donnerez deux mots de guet au Détachement ; un, afin que vos Troupes se reconnoissent entre elles, après qu'elles se feront mêlées avec les Ennemis ; l'autre, afin qu'on les reçoive dans la Place ; & par conséquent il faut que le Gouverneur soit instruit avant le Siége de ce mot de Guet. Au reste aïez une extrême attention, que les Ennemis n'en puissent pas avoir connoissance ; parce qu'ils s'en serviroient pour surprendre la Place. On ne doit donc le donner aux Commandans du Détachement, que quand ils se mettent en marche, & aux Soldats, qu'en approchant des Ennemis.

De Ville veut, que les Officiers du secours, avant d'entrer dans la Place,

Des Marches. C. 6.

reçoivent des Troupes de la Garnison
un autre mot de Guet concerté. (1)
Cette précaution ne me paroît importante, que dans le cas où l'on pourroit soupçonner, que les Ennemis se
fussent rendus maîtres de la Place, &
qu'ils voulussent le dissimuler, comme
on l'a vû par un exemple que j'ai rapporté de Charles Emmanuël, Duc de
Savoye.

De Ville avertit aussi de porter la
Poudre du secours dans des Sacs de
cuir ; de la tenir un peu éloignée des
Soldats qui doivent faire feu ; & d'ar-
mer seulement de Piques ou de Pertui-
sanes, ceux qui en seront les plus proches, afin d'éviter les accidents. Le
même Auteur veut encore qu'on as-
semble le Convoi pour le secours avec
beaucoup de secret, & dans un lieu
commode pour la Marche.

Le Détachement destiné pour entrer dans la Place peut être accompagné d'un plus gros Corps de Troupes,
qui se mettent en Embuscade pour
soûtenir ce Détachement ; supposé que
n'aïant pû entrer dans la Place, il soit
chargé en s'en retournant. Dans ce cas
les Commandans du Détachement se

*Des Siéges,
L. 20. §. 2.*

*Des Embus-
cades, C. 4.
& 5.*

(1) De la Charge de Gouvern.

retireront par le chemin où est l'Embuscade.

Il peut arriver, qu'une Place, qui §. IV.
manquoit de Provisions de bouche &
de guerre, n'ait pas besoin des Troupes qui ont introduit ce secours, & qui
seroient préjudiciables ; parce qu'elles
ne serviroient qu'à consumer plus
promptement les Vivres, dont avant
le Siége on n'a pû suffisamment fournir la Place, à proportion du nombre
de ses Défenseurs. Dans ce cas, selon
de Ville, l'Escorte du Convoi doit le
laisser auprès du Chemin couvert ou
de quelque Ouvrage avancé de la Place. La Garnison le retire & elle se dé-
barasse en même-tems des Vieillards,
des Enfans, des Femmes & des Malades, qui profitent de l'Escorte & des
Voitures, qui ont emmené le Convoi,
pour y faire monter dessus les Personnes, qui ne sçauroient marcher à pied.

Le meilleur est, ainsi que je l'ai déja
dit, de faire sortir les bouches inutiles, avant que les Ennemis aient investi la Place : mais comme l'Armée ennemie peut en surprendre les Postes,
lorsqu'on ne s'y attendoit pas encore,
le conseil de cet excellent Ecrivain ne
doit pas paroître inutile. Il se présente

neanmoins une reflexion, qui est, que la nuit que le secours entrera , toute l'Armée ennemie sera déja sous les armes , lorsque l'Escorte du Convoi pourra s'en retourner. Par conséquent il lui seroit peut-être plus avantageux d'attendre un autre nuit pour faire retraite ; parce que vraisemblablement il n'y a pas lieu de penser, que les Ennemis prévoïent une Opération de guerre si peu usitée ; & avant qu'ils aïent pris les Armes, & détaché des Troupes pour s'opposer au retour de l'Escorte du Convoi, elle aura déja beaucoup avancé sa Marche.

Les Troupes du secours ne doivent pas revenir à votre Armée par le même chemin qu'elles ont tenu en allant , supposé qu'il y en ait un autre ; parce que , selon toutes les apparences , les Ennemis feront mieux sur leurs gardes sur le chemin par lequel le Convoi est venu. Un détachement de votre Armée s'avancera pour recevoir l'Escorte ; tandis que par de fausses attaques vous ferez diversion sur toutes les autres avenuës. Les Assiégés peuvent aussi attirer l'attention des Assiégeans en leur donnant de fausses allarmes vers le front éloigné du Chemin, que vous

CHAPITRE XIII.

De la maniere de secourir la Place, en coupant à l'Assiegeant les Vi-vres, l'Eau & les Fourages, ou en inondant la Place.

SI l'Armée ennemie n'est pas assez nombreuse pour aller chercher la vôtre, & laisser en même - tems des Troupes pour continuer le Siége, campez entre les Ennemis & le Païs où sont leurs Magasins, & d'où ils peuvent tirer leurs principaux Convois ; afin que faute de ces Convois ils soient forcés d'abandonner l'entreprise, si auparavant ils n'ont pas fait une abondante Provision de Vivres.

¶ Lorsque le Prince d'Orange faisoit le Siége de Charleroy, Loüis XIV. Roi de France campa son Armée entre celle du Prince & la Place d'où l'Assiégeant tiroit ses Convois, qui n'en pouvant plus recevoir fut contraint de lever le Siége au bout de huit jours. (1)

§ En 1654. le Marquis de Caraze na, Général des Troupes d'Espagne obligea de la même maniere les Françcois & les Modenois d'abandonner le Siége de Pavie. (2)

§ Pendant que Charles Gustave Roi de Suede assiégeoit Samoscie, Czar niefchi Général de l'Armée de Jean Casimir Roi de Pologne vint toûjours camper dans des endroits favorables pour empêcher & couper les Convois de l'Armée Suedoise; de sorte qu'elle fut réduite à une extrême difette de Vivres, & Gustave fut forcé de lever le Siége. (3) Amilcar Barca par une semblable conduite coupa les Vivres aux Rebelles Mathon & Spendius, qui n'ayant plus de quoi subsister, se virent obligés d'abandonner le Siége de Carthage. (4)

Quand les Assiégeans ont besoin de conserver dans leur Armée un gros Corps de Cavalerie; parce que leur Infanterie seule ne suffiroit pas pour resister à votre Armée, si elle venoit les atta-

(1) Abregé de la Vie de Loüis XIV.
(2) Du Verdier Hist. de France.
(3) Supplement de Foresti.
(4) Polybe, Hist. L. 1.

quez, faites avancer des Partis, qui
prennent tous les Fourages secs, non
seulement de la Campagne, mais encore de tous les Lieux jusques où les
Fourageurs ennemis pourroient s'étendre. Rompez les Ponts, qui sont sur
les avenuës par où les Assiégeans peuvent recevoir leurs Fourages & leurs
Convois. Détournez les Courants des
Ruisseaux & des Rivieres nécessaires
pour le transport de leurs Provisions.
Détachez continuellement des Partis
pour inquiéter leurs Vivandiers. Attaquez les Gardes, que les Ennemis
mettent d'espace en espace pour les
soûtenir ; & les Lieux peu forts, où
ils font des amas de Vivres & de Munitions, en attendant qu'arrive une Escorte pour les accompagner.

§. Prenez les Châteaux, les Forts de
Campagne, & les autres Postes fortifiés, qui sont aux environs de l'Armée ennemie ; afin d'empêcher les Ennemis de recevoir des Fourages & des
Convois par des Avenuës, que votre
Armée ne couvre pas.

§. Hannon Général des Carthaginois
prit la Place d'Erbesse, voisine de celle
de Gergenti, dont les Romains faisoient le Siége. La prise d'Erbesse ré-

Tome X.
Q

Des Sièges,
C. 2.

duisit les Assiégeans à une si grande disette de Vivres, que s'il y avoit dans Gengenti des Provisions seulement pour quelques jours de plus, les Romains auroient abandonné l'entreprise. (1)

Examinez si en rompant les Digues ou de quelqu'autre maniere, vous ne pourriez pas détourner le cours d'une Riviere, afin d'inonder les Tranchées où le Camp des Assiégeans ; parce qu'alors il vous seroit aisé de les battre, comme je l'ai prouvé ailleurs par plusieurs exemples.

Il est rapporté dans l'Histoire de Flandre, que, les Espagnols sous Philippe II. faisant le Siége d'une Place, qui, si ma memoire ne me trompe, étoit celle de Haerlen, les Hollandois ouvrirent certaines Digues, & inonderent de telle maniere le terrain qui étoit entre les Espagnols & la Place, qu'ils la secoururent de Vivres & de Troupes; s'étant servis pour cela d'un nombre de petites Barques plattes, qui alloient à flot sur les eaux de l'inondation dans un terrain, où peu auparavant on marchoit à pied sec.

Des Occasions où il faut tâcher d'en venir à un Combat , C. 14, §. 4.
Des Siéges Tome VIII. page 56.

§. II.

§. III.

_____

(1) Polybe, Hist. l. 1.

CHAPITRE XIV.

De la maniere de secourir une Place Maritime, soit qu'on veüille tenter le secours par eau ou par terre.

J'AI déja examiné dans un autre endroit en quelles circonstances il faut se déterminer à combattre plûtôt sur Mer que sur terre. J'ajoûte ici, que la raison, qui peut porter à secourir par Mer la Place assiégée, est lorsque les passages, que les Ennemis occupent sur terre sont si forts par leur situation & si bien gardés, que quand même on seroit superieur en nombre de Troupes, il y auroit peu d'esperance de pouvoir franchir ces passages.

Ne prétendez pas de secourir par Mer une Place, si l'Assiégeant a eu la précaution par avance de faire construire entre la Place & la Mer une bonne Ligne couverte des deux côtés; s'il s'est rendu maître de la Ville basse ou des Fauxbourgs, qui servent de communication de la Marine à la Place; s'il y a de bons Forts sur les pointes

§. I.
C. 2. §. 12.

Des Sièges,
Tome VIII,
page 30.

Q ij

de terre, qui s'avancent pour fermer l'embouchure du Port, & dont les Ennemis empêchent l'entrée par des Navires, qu'ils y ont coulés à fond, ou par une chaîne soûtenuë par ces Forts & par des Bâtimens armés.

Mais en supposant, que toutes choses bien pesées, il ne sçauroit résulter ni plus d'inconveniens ni plus d'avantages de secourir la Place par Terre ou par Mer, il faudroit tenter ce secours par Terre; parce que, quand même vous seriez battu & rechassé, votre perte ne sera jamais si considerable, attendu que les Ennemis ne vous poursuivront pas dans votre retraite, pour ne pas sauter à la débandande pardessus la Ligne; ou pour ne pas défiler en sortant par les Barrieres : car ils se mettroient en grand danger d'être battus, si vos Troupes faisoient volte face, avant qu'ils se fussent rangés en bataille.

Il y a encore un autre raison qui est, que les secours par Mer ne suffisent pas toûjours pour empêcher, que la Place ne soit prise ; parce que souvent les Assiégeans s'obstinent à faire breche & à s'en rendre maîtres à force d'y perdre du monde, sans s'embarrasser si la Garnison est forte ou peu nom-

breuse. On peut voir à ce sujet l'exem-
ple du Marquis de Lede, que j'ai cité en traitant des Siéges.

D'ailleurs il arrive assez souvent qu'a-près avoir préparé le secours, une bou-rasque l'écarte, & que des Calmes ou des Vents contraires le détiennent dans le Port, ou sur la Mer: ce qui est en-core plus à craindre, lorsque le Con-voi doit venir de fort loin.

¶ Je me souviens, qu'en 1710. les Galeres du Duc de Tursis ne pûrent pas en onze jours pendant l'Eté, tra-verser le petit trajet, qu'il y a de Bo-nifacio en Corse à Terra-Nova en Sar-daigne par la violence des Vents de bout qui regnoient ; de sorte qu'il ne fut pas possible de secourir 400. Hom-mes, qui avoient commencé de dé-barquer à Terra-Nova.

Si superieur en forces Navales vous prenez la résolution de secourir la Pla-ce par Mer, mettez-vous à la Voile quelque-tems avant le jour, qui selon le bruit, que vous aviez fait courir, paroissoit être déterminé pour votre dé-part ; afin que les Vaisseaux ennemis, qui sont devant le Port assiégé, ne se tiennent pas encore si fort sur leurs gardes. Huit jours avant & après votre départ ; ne permettez à aucun Bâtiment , même à ceux des Pêcheurs d'aller en Mer ; & contraignez tous les Navires de vous suivre , pour éviter par ces précautions , que les Ennemis n'aïent avis de votre départ ou de votre prochaine arrivée.

A quinze ou vingt lieuës de distance de la Flotte ennemie, qui est devant le Port assiégé , mettez-vous à la Cape jusqu'à la nuit ; afin que les Vaisseaux , qui pendant le voïage avoient perdu la route , aïent le tems d'arriver pour prendre le Poste, qui leur a été destiné.

Dès que la nuit commencera , naviguez sans Fanaux , & prenez vos précautions autant que le vent pourra le permettre pour tomber au point du jour sur la Flotte ennemie. Evitez surtout d'approcher de trop près la Terre : ce qui est beaucoup à appréhender dans les Côtes basses pendant des nuits fort obscures. Pour déterminer précisément à quelle distance vos Navires doivent s'arrêter & se mettre à la Cape , il faudroit avoir été instruit par avance jusques où s'étendent ordinairement les Vaisseaux de garde de l'Armée ennemie.

Si vous avez chargé les Troupes, les Vivres, ou les munitions du secours sur des Vaisseaux de guerre, vous devez y mettre aussi des Officiers de Marine experimentés, & de beaucoup de valeur; afin qu'après le Combat commencé ils entrent dans le Port par le dessus du Vent du Vaisseau ennemi le plus éloigné. Il est néanmoins important, qu'il y ait toûjours quelques Galeres ou quelques Fregates, qui accompagnent les Navires de transport, pour attaquer les petits Bâtimens armés de l'Assiégeant, qui ne pouvant pas servir pour combattre en Ligne, ne prennent point le large, & se tiennent près de terre. De cette maniere, quand même votre Flotte ne dissiperoit pas celle des Ennemis, vous réussissez à secourir la Place.

Lorsque les Ennemis n'ont point d'Armée Navale devant la Place assiégée, & que leur Armée de Terre fait venir ses Provisions de bouche ou de guerre par des transports sur Mer, vous diviserez vos Vaisseaux & vos Galeres pour aller en course contre ces Bâtimens de transport.

Si les Ennemis au lieu de se servir de Navires détachés, forment un Convoi s. 2. *Voïez C.*

dans quelqu'un de leurs Ports, j'ai fait voir au commencement de ce Traité, de quelle maniere vous pourrez enlever ce Convoi ou le détruire, quand même vous feriez inferieur aux Ennemis en forces Navales.

Si vous avez quelque Port voisin de celui, qui est assiégé, vous pourrez, quand même les Ennemis seroient superieurs en Vaisseaux, faire entrer fréquemment dans la Place des Vivres, des munitions, & des Troupes avec des Galeres, des Brigantins, des Galiotes, & autres semblables Bâtimens, qui, bien équipés de Rames & de Rameurs, partiront de ce Port voisin dans des nuits obscures ou dans un tems de Calme, pour se rendre à celui qui est investi.

¶ Persée Roi de Macedoine se servit de legers Brigantins, pour jetter pendant une nuit obscure du secours dans Cassandrie; quoique les Armées Navales des Romains & du Roi Eumene ses Ennemis eussent investi le Port de cette Place. (1)

¶ Damien Grillo aïant bien observé la Disposition de la Flotte Venitienne, qui faisoit contre les Genois le Siége

(1) Tite-Live, Histoire Romaine.

d◆

Chio, secourut pendant l'obscurité de la nuit cette Place, par le moïen de certains Bâtimens à Rames, qui secrettement & sans bruit passerent au milieu des Vaisseaux ennemis. (1)

Il est aisé, de jour même, de faire entrer du secours dans un Port assiégé avec de legers Bâtimens à Rames, en profitant d'un Calme ; principalement si vous vous trouvez plus fort en cette sorte de Bâtimens que les Ennemis ; ou si vous avez quelques autres Ports voisins pour servir de retraite & d'asile à vos Bâtimens à Rames ; supposé que s'étant levé un Vent frais, les Vaisseaux ennemis leur donnent la chasse.

¶ Annibal le Rhodien sur un Bâtiment fort leger faisoit de jour, & à la vûë de l'Armée Navale de Rome, de fréquens voïages de Trapano au Port voisin de Lilibée, qui étoit assiégé. (2)

Quand même vous ne seriez pas superieur aux Ennemis en Bâtimens à Rames, ne perdez pas esperance de pouvoir introduire dans la Place des secours par Mer sur de petits Navires

(1) Foresti, Mappe-monde Histor.
(2) Polybe, Hist. l. 1.

bons voiliers & peu chargés. Pour y
réüſſir, commencez à les envoïer juſ-
ques où il n'y a pas à craindre, qu'ils
ſoient découverts par les Vaiſſeaux de
garde des Ennemis. Ils y attendront
un Vent favorable. Dans ce cas le plus
fort eſt le meilleur ; parce que la Flotte ennemie ne pourra pas aller à la Bou-
line, pour les attaquer en haute Mer ,
& il lui ſera difficile de les atteindre
dans le peu de trajet qu'il y a entre
elle & le Port. A la faveur de ce Vent,
de l'obſcurité de la nuit , & des Pilotes
qui connoiſſent parfaitement la Côte,
vos Navires tenteront d'introduire le
ſecours dans la Place aſſiégée. Si le
Vent leur devient contraire pour pour-
ſuivre leur route, & par conſéquent favorable aux Ennemis pour aller ſur eux,
ils ne ſe détiendront pas à faire des bordées. Ils tâcheront au contraire de ſe
retirer dans un Port ſûr , le plus voiſin de la Place, qu'ils alloient ſecourir ; afin d'y attendre un autre coup
de Vent favorable.

Il eſt encore plus aiſé de réüſſir
lorſque la Place aſſiégée & ſes Forts
détachés couvrent une grande étenduë de Plage, où il y a peu de fond ;
parce qu'il ſera plus difficile aux Navi-

res ennemis de couper le passage aux vôtres, lorsqu'ils les auront découverts. Leurs Vaisseaux de hauts - bords ne pourront plus approcher vos petits Navires, dès que ceux-ci iront près de terre ; & pour se défendre contre les Galiotes des Ennemis & autres Bâtimens, qui ne demandent que peu de fond, il suffira, qu'il y ait quelque Infanterie sur les vôtres.

¶ Annibal, fils d'Amilcar, étant sorti de Carthage avec douze mille Hommes de secours qu'il devoit jetter dans la Place de Lilibée, dont les Romains faisoient le Siége par Mer & par Terre, attendit dans les Isles voisines d'Eguse un coup de Vent fort, dont il profita pour entrer dans cette Place, aïant passé au milieu des Vaisseaux de Rome, quoiqu'ils fussent superieurs en nombre aux siens. (1)

¶ Le Roy d'Espagne en 1714. avoit devant Barcelonne 20. ou 25. Vaisseaux armés, des Galeres & quelques Galiotes ; néanmoins pendant plus de six mois de tems, il se passoit rarement quatre jours, sans qu'il entrât dans la Place quelque secours sur des Pataches, des Tartanes, & des Brigantins,

(1) Polybe, Hist. l. 1.

qui partoient de Majorque à l'heure que, felon le Vent, les Patrons croïoient jufte pour paſſer à la faveur de la nuit au milieu des Vaiſſeaux de garde & de ceux qui étoient à l'Ancre, ou par dehors. Ce qu'il y avoit de plus ſurprenant eſt, que nonobſtant la promptitude avec laquelle les Vaiſſeaux Eſpagnols levoient l'Ancre, ils ne pouvoient jamais atteindre ces Bâtimens ennemis, qui aïant bien obſervé les bordées, que faiſoient les Vaiſſeaux de garde, dirigeoient leur route plus à droite ou à gauche, & cotoïoient enſuite en ſûreté à la faveur de l'obſcurité de la nuit, du Vent de terre & du peu de fond, qui ne permettoit pas aux Vaiſſeaux du Roi d'Eſpagne de les approcher. D'ailleurs ces petits Bâtimens, qui apportoient ainſi du ſecours à la Place, étoient favoriſés par une grande étenduë de Côte, couverte par l'Artillerie de la Ville & par celle du Château de Monjoüi.

On peut auſſi faire entrer à la dérobée un ſecours par Mer, pendant que les Vaiſſeaux ennemis ſe trouvent écartés par une tempête, qui les oblige de courir; car ordinairement les Vaiſſeaux, pour ne pas ſe tenir ſous la portée du Canon de la Place, jettent l'Ancre au-delà de pointes de terre, qui mettent le Port à l'abri des Vents. Nous l'avons éprouvé très-souvent au Siége de Barcelonne, où il falloit que nos Vaisseaux abandonnassent la Plage, toutes les fois que le Vents du Golphe soufloient fortement.

Pour ces sortes de secours il seroit à propos qu'il y en eût de tous prêts dans les Ports à droite & à gauche de celui qui est investi ; parce que de l'un ou de l'autre de ces Ports, on pourroit, quelque Vent qu'il regnât, se rendre à la Place assiégée, avant que la Flotte ennemie qui court la Mer, eût repris le Poste qu'elle occupoit sur les eaux.

§ Me trouvant Inspecteur des Troupes d'Andalousie, & des Garnisons d'Afrique, j'observai que le Roi d'Espagne avoit donné ordre à l'Entrepreneur des Vivres pour les Garnisons d'Afrique, d'avoir toûjours un Magasin de Provisions de bouche à Malaga, un autre à Cadix, & quelques autres à Tarifa. De cette maniere aucun Vent, à moins qu'il ne soit extrêmement orageux, ne pouvoit empêcher de secourir ces Garnisons.

R iij

L'expedient que j'ai proposé d'aller en course contre les Bâtimens qui transportent des Vivres pour faire subsister l'Armée ennemie, peut se pratiquer, quand même vous seriez inferieur en Vaisseaux de guerre ; principalement si vous avez des Ports voisins, où vos Corsaires puissent se refugier, lorsqu'ils découvrent des Vaisseaux ennemis ou plus gros ou en plus grand nombre. C'est ainsi qu'Evagoras réduisit à la derniere disette de Vivres les Perses, qui faisoient le Siége de Chypre, (1) & que Carthalon Général des Carthaginois, empêcha l'Armée Romaine de recevoir des secours par Mer, lorsqu'elle assiégeoit Lilibée. (2)

J'ai parlé un peu auparavant des précautions à prendre par rapport aux Bâtimens, qui sont dans un Port, que les Ennemis menacent d'un Siége. J'ajoûte, que si ce Port est d'une si grande circonference, que quelque endroit ne soit pas exposé aux Batteries que les Ennemis ont sur terre ; & si la plus dangereuse attaque peut être par un Front, qui par quelque côté réponde au Port ; vous devez

Des occasions où il faut tâcher d'en venir à un Combat. C. 10. §. 1.

§. III.

Voyez C. 10. §. 4.

(1) Diodore de Sicile, l. 15. c. 1.
(2) Polybe Hist. l. 1.

y conserver deux Vaiſſeaux de guerre & deux Galeres, qui vous serviront de Batteries mouvantes pour enfiler ou incommoder celles des Ennemis, leurs Tranchées & leurs Communications. Les Troupes de la Ligue éprouverent au Siége du Château de Matagorde devant le Port de Cadix, combien ce que je propoſe peut coûter de travaux & de ſang aux Ennemis.

On démâte ordinairement les Vaiſſeaux & les Galeres, qui ſervent à l'uſage dont je viens de parler ; parce que leurs Mâts abbatus par les coups de Canon des Ennemis cauſeroient un terrible ravage par leur chute & par leurs éclats. D'autant mieux que pour ce peu de mouvement que ces Vaiſſeaux doivent faire, il ſuffira, qu'ils ſoient remorqués par les Galeres ou par les Chaloupes du Port.

On a coûtume de doubler ces Vaiſſeaux de fort groſſes planches, & de mettre de la Laine, du Coton ou autre choſe ſemblable entre ces Planches & le côté du Vaiſſeau ; afin qu'il ſoit à l'épreuve du Boulet.

On ne ſçauroit renforcer les Galeres de la même maniere ; parce qu'en les rendant ainſi trop peſantes , elles n'obéïront pas à la Rame : mais comme à cauſe de leurs Planches trop foibles , & du grand nombre de gens qu'elles ont , l'Artillerie ennemie feroit contre elles un trop grand ravage , elles ne ſe ſerviront point de leur Canon , ſi ce n'eſt dans des endroits , où les Ennemis n'auroient point de Batteries, qui pûſſent les découvrir.

Quand on n'a pas beſoin de toute la hauteur des Vaiſſeaux de Guerre, pour battre les Ouvrages des Aſſiégeans , on peut leur ôter le premier Pont. Par-là il ſera plus aiſé de les mouvoir, & ils preſenteront un moindre objet aux coups de l'Ennemi.

Par ce que je propoſe vous ne délivrez pas ces Vaiſſeaux du danger des Bombes : mais on peut les en garantir en vous contentant de vous ſervir de la Batterie baſſe , & en mettant au deſſus du plus haut Pont quatre ou cinq pieds de fumier. On laiſſera les Ecoutilles libres , afin que la fumée n'étouffe pas ceux qui ſervent ces Batteries , & pour éviter que les Bombes n'entrent par les Ecoutilles , on les couvrira avec de gros & forts morceaux de Bois poſés un peu en dos d'âne &

éloignés l'un de l'autre autant qu'il faut, pour que la Bombe n'entre pas & que la fumée sorte.

Il est à supposer, que si l'on se détermine à conserver dans le Port des Vaisseaux & des Galeres, il y a dans la Place des Vivres pour leur Equipage & des Munitions pour que leur Artillerie soit bien servie. Je suppose encore, que vous ne retiendrez pas des Vaisseaux & des Galeres dans le Port d'une Place, qui par ses mauvaises Fortifications sera forcée en peu de jours de se rendre : principalement si ces Vaisseaux & ces Galeres valent autant que la Place même. Il y a pourtant une réflexion à faire, qui est, qu'on choisit pour cet usage de vieux corps de Bâtimens déja mal traités, ou qui ont des défauts ; que l'on peut même envoïer sur les Vaisseaux qui se retirent du Port, une grande partie de l'Artillerie de ceux qu'on y conserve ; puisqu'ordinairement ce n'est que par un seul côté qu'ils font leur décharge.

Lorsque les Bombes & les coups de Canon des Ennemis ont ruiné vos Navires, leur bois sert pour le feu des Chambrées des Soldats ; leurs voiles pour des Sacs à terre, le fer pour divers Ouvrages de la Place, & leurs Artillerie pour les Coupures & pour remplacer sur la muraille les Pieces qui ont crevé & celles dont les Lumieres sont trop évasées. Si au lieu des Affuts ordinaires, qui auront été fracassés, on veut se servir des Marins, il suffira d'élever un peu les Platte-formes.

Quand on prévoit, que dans peu on sera contraint de rendre la Place, on jette dans la Mer les Canons, & principalement ceux de Bronze, qui après les destinations, dont nous venons de parler, sont de reste ou inutiles pour la défense de la Place. On choisit pour cela un endroit de la Mer le plus profond, & où il y ait beaucoup de sable mouvant, ou beaucoup de boüe, afin que les Canons par leur propre poids s'enterrent fort avant, & qu'il ne soit pas possible aux Plongeurs ennemis d'y attacher un Cable, ou de passer un Crochet aux Dauphins, afin de les retirer ensuite avec le Cabestan de quelque Navire.

Dans la fin d'un long Siége, lorsque par les Morts, les Malades & les Blessez il manque la moitié de la Garnison, c'est un précieux secours que cequi des Mariniers & des Canoniers des Vaisseaux, qui n'ont eu que peu de fatigue.

Il est aisé de comprendre, que c'est avant la Capitulation qu'on peut jetter dans la Mer l'Artillerie inutile, & mettre en pieces les Navires qui ne servent pas ; parce que la clause de remettre de bonne foi, en rendant la Place, tout ce qui s'y trouvoit, lorsqu'elle a commencé de capituler, est une de celles, que l'Assiégeant n'obmet jamais.

¶ Tout ce que je viens de dire est précisément ce que pratiqua Don Luc Spinola dans la glorieuse défense de la Citadelle de Messine. Il avoit conservé dans le Port de cette Place quelques-uns de nos Vaisseaux, dont ce Gouverneur habile tira tous les avantages que j'ai proposés.

La Chiorme des Galeres sert beaucoup pour les Coupures & tous les autres Ouvrages de la Place, dans les jours que les Galeres ne sont pas employées ; parce qu'un Forçat, qui est fait à une dure & continuelle fatigue, & qui est châtié severement, travaille pour deux Soldats, qui sont moins punis, quand ils ne sont pas bons Travailleurs.

CHAPITRE XV.

Comment on peut secourir une Place située sur un grand Lac, ou sur une Riviere navigable. De quelle maniere on peut attaquer une partie de l'Armée de l'Assiégeant, qui se trouve divisée sur les deux bords d'une Riviere, dont on a rompu les Ponts.

§. I.

Des Siéges, c. 8. §. 2.

J'Ai fait voir, en traitant des Siéges, qu'il est facile de jetter du secours dans une Place située sur un Lac d'une vaste étenduë, lorsque les Assiégés sont sur ces eaux plus forts en Barques & autres petits Bâtimens armés. Mais si au contraire les Assiégeans ont ce dernier avantage, donnez de nuit une fausse attaque vers le côté de la Ligne où se trouve le plus grand nombre des Bâtimens ennemis ; & pendant cette fausse attaque, pour faire diversion tant des Troupes de terre des Ennemis, que de leurs Bâtimens sur le Lac, approchez-vous en silence & à l'heure de la nuit concertée avec le Gouverneur ; & déchargez sur le bord du Lac le secours, que les Assiégés viendront retirer avec leurs Batteaux.

Si la Place est située sur une Riviere, vous pourrez faire entrer des Vivres & des Munitions, en les mettant dans des Outres, ou dans des Barils bien calfatés. Vous abandonnerez au Courant de la Riviere ces Barils & ces Outres à une heure que vous jugerez favorable, pour qu'ils passent de nuit, depuis l'endroit où commencent les Gardes avancées de l'Armée ennemie, jusqu'à la Place. Le Gouverneur en sera averti, afin qu'il puisse tendre sur la Riviere des Filets, pour détenir ces Outres & ces Barils. Il y aura de petits Batteaux tout prêts pour les tirer sur le bord, avant que le poids d'une trop grosse quantité d'Outres & de Barils ait rompu le Filet. Pour éviter cet inconvénient, & afin qu'on puisse les appercevoir, on doit choisir des nuits obscures, & ne pas en jetter dans la Riviere un trop grand nombre à la fois.

On peut aussi sans Outres & sans Barils envoier à la Place par le Courant de

§. II.

la Riviere, des Légumes, des Noix &
autres semblables fruits, & même des
Bestiaux morts, en leur cousant, ou
en leur fermant avec de l'Herbe toutes les Ouvertures, par lesquelles ils
pourroient se remplir d'eau, & aller
par conséquent à fond : voyez à ce
sujet les exemples du Roi de Sardaigne,
de Titus Sempronius, & des Modé-
nois, que j'ai rapportés en traitant des
Siéges.

    Chacun comprend assez, que pour
réussir il ne faut pas avoir donné à entendre, que vous voulez emploier cette sorte de secours. Cependant si le
Général assiégeant fait son devoir, sur
le simple soupçon que vous pourriez
y avoir recours, il mettra le premier
au-dessus de la Place des Filets & des
Batteaux, pour arrêter les Bestiaux,
les Outres & les Tonneaux, que vous
confierez au Courant. Les exemples
d'Annibal & de Brutus, en sont une
preuve. Dans ce cas il faut tâcher de
rompre le Filet des Ennemis, en aban-
donnant au Courant de la Riviere,
après de grosses pluies, qui l'auront
rendu plus impétueux, une quantité
de gros Troncs d'Arbres sans brancha-
ges, afin qu'il soit plus difficile à ceux

qui feront fur les Batteaux des Ennemis de les arrêter avec leurs Gaffes, & de les jetter fur le bord. Quelques heures après, vous confierez votre fecours aux eaux, aiant donné avis au Gouverneur de ne pas tendre fon Filet, qu'il n'ait vû paffer tous les Troncs.

La plus grande difficulté à furmonter, pour que cette forte de fecours arrive jufqu'à la Place, eft que les Affiégeans auront jetté un Pont plus haut au-deffus de la Place; & qu'aux Pontons ou aux groffes Cordes, qui traverfent d'un Ponton à l'autre s'arrêteront les Troncs d'Arbres; & que les Ennemis avec de petits Batteaux les tireront fur le rivage, avant qu'ils aient rompu le Filet qui eft plus bas. Dans ce cas avant ces Troncs, jettez dans la Riviere de groffes Poutres pofées en croix, ou ce qui vaut encore mieux, envoïez un Brulot pendant une nuit ofcure, afin que les Ennemis à coups de Canon ne le coulent pas à fond. Si vous êtes plus fort fur cette Riviere en Bâtimens armés, faites efcorter le Brulot jufques auprès du Pont, pour empêcher que les Ennemis ne le détournent, ou ne l'arrêtent avec un Grapin, qui à l'autre bout de la Corde, a un Ancre qu'on laisse tomber. Voiez les Exemples de Dunkerque.

Lorsque par les moiens que j'ai proposés, ou de quelque autre maniere vous réussissez à rompre les Ponts que les Assiégeans ont sur la Riviere ; & alors vous vous trouvez à portée de tomber sur une partie de l'Armée ennemie divisée sur les deux bords, ne perdez point de tems pour fondre sur celle de ces deux parties, contre laquelle par le terrain & par le nombre vous croirez avoir plus d'avantage.

¶ Le Maréchal de Montluc rapporte qu'aiant appris, que l'Amiral de Coligny avoit jetté sur la Garonne un Pont dans le dessein de le passer, & d'aller attaquer Castelgeloux, & quelques autres Places voisines de cette Riviere, il fit charger de Pierres un Moulin de Bois, qui abandonné au courant des eaux, alla choquer si rudement contre le Pont de Coligny, qu'il le fracassa entierement. Cet évenement ruina toutes les mesures de Coligny, & le mit en danger de perdre la moitié de ses Troupes, qui étoit de l'autre côté de la Riviere sous les ordres du Comte de Montgommery. (1)

(1) Commentaire de Monluc.

Au

Des Siéges
Tom VIII.
Pag. 144.

§. III.

Au reste, lorsque je vous conseille de charger une des deux parties de l'Armée de l'Assiégeant, qui par ses Ponts de communication que vous avez rompus, se trouve séparée sur l'un & l'autre bord de la Riviere ; je suppose, que chaque Corps de cette Armée, ainsi divisée, ne s'est pas si bien fortifié, que l'un sans le secours de l'autre puisse facilement vous résister.

Des Passages des Rivieres, C. 6.

Comme l'on ne réussit point dans la plûpart des Secours que l'on veut jetter dans une Place assiégée, sans avoir quelque correspondance avec son Gouverneur, il ne sera pas hors de propos d'expliquer ici par quels divers moïens on peut entretenir cette correspondance.

CHAPITRE XVI.

Comment on peut entretenir une correspondance avec le Gouverneur de là Place par des Bombes & par des Boulets ; par des Pigeons & des Chiens; par le Courant d'une Riviere & par des Plongeurs. De quelle maniere on peut faire porter des avis par de faux Déserteurs, & des Hommes déguisés en Vivandiers.

§. I.

Voyez c. 11. & 12.

S I à la faveur des avantages qu'offre le Terrain, ou par les moïens que j'ai proposés, vous pouvez faire approcher des Troupes vers quelque endroit jusqu'à la portée d'un Mortier, éprouvez ce Mortier par le jet de deux ou trois Bombes déchargées & dirigées à une des places de la Ville, ou à quelqu'autre endroit où il n'y ait point de Maisons. Ces Bombes ne renfermeront qu'un Papier, avec ces paroles . . *Le Gouverneur fe-*

ra reconnoître les Bombes , qui après celles-ci seront tirées du même Poste. Sur cet avis le Gouverneur placera des Soldats de confiance à vûë de l'endroit où les premieres Bombes sont tombées , & de celui d'où elles ont été tirées. L'Exemple suivant fera voir , qu'il faut éprouver le Mortier , avant de confier des Billets aux Bombes.

¶ Pendant qu'Artabaze faisoit le Siége de Potidée, Timoxene , qui étoit dans la Place , entretenoit une intelligence avec l'Assiégeant, par des Lettres attachées à des Fléches, qui étoient tirées d'un certain endroit à un autre désigné. Mais une des Fléches d'Artabaze , qui avoit été mal ajustée , blessa un Païsan. On trouva le Papier , & l'intelligence fut découverte. (1)

Après avoir bien pointé le Mortier, & avoir fait précéder l'avis dont j'ai parlé , vous enverrez au Gouverneur dans des Bombes autant de Lettres que vous souhaitterez. Le Gouverneur se servira de la même voïe , pour vous envoïer les réponses & les

(1) Année Tactique, Commentaire Poliorcetique , C. 31.

avis, qu'il aura à vous donner. Il mettra pour cela un gros Mortier dans un des Ouvrages de sa Place les plus avancés vers votre Camp; & afin qu'on puisse mieux voir où elle tombe, elle aura sa fusée; mais son Empoulette sera fermée par le bas, pour éviter que les dernieres parties de la Fusée ne brûlent la Lettre.

§ La Place de Stéenwiyck aiant été assiégée en 1580 par le Comte de Renemberg, la Garnison entretint la correspondance avec Norits, Commandant des Troupes, qui étoient venues au secours de cette Place, en jettant dans son Camp des Boulets de Plomb du poids de deux livres. Il y avoit un trou où s'enfermoit la Lettre, & un autre où l'on mettoit une certaine composition semblable à celle de la Fusée des Bombes; afin qu'à la faveur de la fumée de cette sorte de composition, il fût plus aisé de retrouver le Boulet dans le Camp de Norits. (1).

- Un Canon de vingt-quatre pointé à sa plus haute élévation porte le Boulet jusqu'à deux mille deux cens cin-

(1) Meteren, Histoire du Païs-Bas.

quante toiſes; & le Mortier, qui porte le plus loin, ne jette pas ſa Bombe au-delà de dix-huit cens Toiſes. Outre cela le Boulet avance davantage par ſes bonds, que ne fait la Bombe. Par conſéquent ſi vous ne pouvez pas vous approcher de la Place à la por-tée du Mortier, ſervez-vous de Bou-lets de Canon, qui auront les deux trous ou les deux vuides, dont j'ai parlé dans l'Exemple précédent. J'a-vertirai pourtant, que ſi l'on ſe ſert de Boulets de Plomb, on doit les proportionner au poids du Calibre, par le moien d'un trou ou d'une Ame, qu'on remplit de craïe, ou autre ma-tiere moins peſante que le Plomb; afin de ne pas diminuer la portée du Boulet. La Fuſée de ce Boulet s'al-lume avec un Stoupin, & l'on ne don-ne feu au Canon, qu'après que celui du Stoupin l'a communiqué à la Fu-ſée.

S'il y a dans une Place, que les §. II. Ennemis menacent d'un Siége ou d'un Blocus, un Colombier, tirez-en par avance quelques Pigeons; & afin qu'ils ne perdent pas l'inſtinct qu'ils ont de retourner dans leur ancienne demeure, vous les ferez conduire de jour dans un Village, ou une Maison de Campagne du Païs de votre obéissance, qui soit à la vûë de la Place. Vous y tiendrez ces Pigeons enfermés, & vous les lâcherez de tems en tems, afin qu'ils ne s'accoutument pas trop à leur nouvelle demeure. Quand ensuite il faudra écrire au Gouverneur, après que les avenuës de la Place auront été occupées, vous attacherez un petit billet au Cou ou à l'Aîle d'un de ces Pigeons, & vous lui donnerez la liberté à une heure à laquelle les Batteries se reposent ; afin que le bruit du Canon ne l'oblige pas de retourner. Le Maître du Colombier, que je suppose étre un Homme d'une entiere confiance & bien connoître ses Pigeons, voïant le nouveau venu, le prendra pour remettre le Billet au Gouverneur. Le secret se conservera entr'eux deux seulement, afin qu'il ne transpire pas : car si les Ennemis en avoient connoissance, ils aposteroient des Tireurs pour tuer ces Oiseaux, & avoir les Papiers ; & ils n'oublieroient rien pour découvrir de quel Colombier ces Pigeons sortent, afin de châtier celui qui est en intelligence avec vous, supposé qu'il se trouve dans un lieu de leur obéissance.

Le Gouverneur, pour vous envoier à son tour les avis de l'état de sa Place, y aura aussi par avance retiré quelques Pigeons d'un lieu voisin, où le Maître du Colombier, qui est avec lui d'intelligence, se sera chargé d'ôter aux Pigeons les Billets, & de vous les envoier. Ces Billets doivent être pliés en petit & teints par dehors de la couleur des plumes du Pigeon, afin qu'on apperçoive moins le Papier, quand on voit voler le Pigeon.

¶ En 1572. par cet artifice des Pigeons le Prince d'Orange entretint une mutuelle & fréquente correspondance avec le Gouverneur d'Haerlen, pendant que les Espagnols faisoient le Siége de cette Place. (1).

¶ Frontin rapporte, qu'Hirtius Consul Romain attachoit avec de la Soïe des Lettres à des Pigeons qu'il avoit pris, & qu'il gardoit secretement ; & qu'après leur avoir fait souffrir la faim, il les mettoit en liberté auprès de Modene, où Brutus étoit assiégé par Marc-Antoine. Ces Pigeons s'envoloient sur les plus hauts Edifices, où

____

(1) Meteren, Histoire du Païs-Bas.

Brutus les prenoit, les aiant accoûtumés auparavant à y venir chercher
leur nourriture. (1).

Au lieu de Pigeons on peut prendre cinq ou six Chiens, parmi ceux
qui de quelque endroit où l'on les
mene, sçavent retourner dans la Maison de leurs Maîtres. On les tient à
l'attache & on les traite assez mal.
Avant d'en détacher un, on lui met
un Billet entre la doublure d'un
petit Collier de la même couleur du Chien, & après lui avoir fait
donner quelques coups de bâton, on
le chasse. Certainement ce Chien s'en
retournera jusques aux Portes de la
Ville, où les Officiers de Garde seront secretement prévenus de le
recevoir ; & afin qu'il ne soit pas
épouvanté du bruit de l'Artillerie,
qui tire plus fréquemment pendant le
jour, & qu'il puisse moins être reconnu par les Ennemis ; il est à propos
de le mettre en liberté à une heure
convenable, pour qu'il arrive de nuit
à la Place. Le Maître du Chien portera le Billet au Gouverneur, qui de
son côté pour vous donner les avis

(1) Frontin, Liv. 13. C. 13.

nécessaires

néceſſaires, aura pris quelques autres
Chiens, dont les Maîtres affectionnés
à votre Prince vivent dans des Villages, ou des Maiſons de Campagne
du voiſinage. Le ſecret ſera inviola-
blement gardé entre toutes ces perſonnes ; afin que les Ennemis ne donnent pas ordre de tuer tous les Chiens,
qui iroient vers la Place.

¶ J'ai oüi dire à divers Officiers,
qui ſe trouverent à la derniere défenſe de Milan, qu'un Chien, dont
le Maître étoit enfermé dans ce
Château, & avoit ſa femme dans la
Ville, alloit & revenoit avec différentes Lettres, juſqu'à ce qu'enfin après
pluſieurs voïages il fut tué par les Impériaux, qui eurent connoiſſance de
ce qui ſe paſſoit.

¶ On ne pratique aujourd'hui preſque rien de nouveau. Ænée Tactique
cet Ecrivain très-Ancien nous apprend, que cette correſpondance par
le moïen des Chiens, fut une invention des Theſſaloniciens. (1)

Si la Place eſt ſituée ſur une Ri-
viere, le Gouverneur, ſous prétexte   §. III.
d'une peſche, fera traverſer la Ri-

(1) Commentaire Poliorcetique, c. 31.

viere par un Filet ; afin que les Lettres enveloppées dans de la Toile cirée , que par le deſſus de la Place
vous abandonnerez au Courant , aillent s'arrêter à ce Filet, d'où une per-
ſonne de confiance ſous quelque autre motif apparent aura ſoin de les retirer ſecretement : car ſi les Ennemis
entroient dans quelque ſoupçon de
ce ſtratagême , ils traverſeroient plus
haut un autre Filet, ou ils mettroient
en piéces le vôtre par des Troncs
d'Arbres , qu'ils jetteroient dans la
Riviere , ainſi que je l'ai dit dans le
Chapitre précédent. Afin de recevoir
les lettres du Gouverneur , vous ten-
drez le Filet au-deſſous de la Place.

Il eſt à propos , que ces Lettres
ſoient confiées au Courant de la Riviere à l'heure , que vous jugerez convenable , pour qu'elles paſſent de nuit
devant les Ennemis , & qu'elles ſoient
plus difficilement apperçuës. Il faut
auſſi par quelqu'un des Signaux, dont
je parlerai dans le Chapitre ſuivant ,
vous avertir mutuellement avec le
Gouverneur de la nuit à laquelle on
doit envoier quelque Lettre par le
Courant de la Riviere, afin de tendre
le Filet ; parce qu'un Filet, qui de-

meureroit continuellement tendu ,
donneroit trop à soupçonner.

Il paroît assez aisé, me dira-t-on ,
d'entretenir une correspondance de
cette maniere : mais il y a à craindre,
que le Courant ne pousse les Lettres
vers les Bords , où elles seront déte-
nuës par les herbes , ou par la broussaille ? Je reponds , que si l'on en jette plusieurs , il y en aura toûjours
quelqu'une , qui arrivera jusqu'au Filet ; principalement , si l'on les enfer-
me dans des Boules de bois , dont
les deux moitiés se joignent étroite-
tement par une vis ; puisqu'elles
n'auront rien , qui donne prise pour
les arrêter. Quand même les Ennemis trouveroient quelqu'une de ces
Boules , il n'y aura rien à appréhender, si la Lettre , qui y est contenuë ,
est écrite en Chifre. Comme le jour
pourroit paroître, avant que ces Boules soient arrivées au lieu destiné , il
seroit bon de les peindre de couleur
d'eau ; afin qu'elles fussent moins
vûës.

On peut aussi avoir correspondance avec une Place assiégée , située sur
une Riviere , par des Plongeurs , qui
en se jettant dans l'eau pendant une

§. IV.

nuit obſcure, paſſent ſous les Batteaux
& ſous les Ponts des Ennemis, ſans
ſortir que de tems en tems pour reſpi-
rer , ou pour ſe délaſſer un peu ſur le
bord. Le Plongeur portera les Lettres attachées à ſon corps dans une
Bourſe de double Toile cirée , cou-
ſuë fortement de toute part. Le Gouverneur ſe ſervira du même Plongeur,
ou de quelque autre pour vous envoïer les ſiennes. Ce Plongeur ira
ſortir aſſez loin au-deſſous de la Place dans un endroit déſigné , où il re-
mettra les Lettres à un de vos Partis
ou à un Eſpion, qui l'y attendra. Tout
cela précédé d'un avis par un des Signaux , dont je parlerai bientôt.

Lorſque le trajet pour le Nageur
eſt fort long , à cauſe que les Gardes
ennemies ſe font beaucoup étenduës
ſur les bords de la Riviere, il peut attacher ſous ſes bras une Peau bien
calfatée par dedans , & liée encore
par des rubans au tour de ſon cou.
De cette Peau ſortira un Tuiau de bois
ſemblable à celui du Souflet d'une Cor-
nemuſe. Le Plongeur par ce Tuiau
remplira de vent cette Peau , pendant
qu'il ſe délaſſe & qu'il ſe tient ſur
l'eau : & d'abord qu'il voudra plon-

ger , il en fera fortir le vent en la preſſant , & fermera le trou de ce Tuiau avec un Bouchon bien juſte ; afin qu'elle ne ſe rempliſſe pas d'eau. J'ai dit dans un autre endroit , qu'on doit cette invention à Don Sebaſtien de Madrano , dans ſon Livre intitulé *l'Ingénieur.*

¶ Lorſque les Gaulois aſſiégeoient le Capitole de Rome, qui ſe trouvoit extrêmement reſſerré, Ponce Comine ſe jetta ſur un Liége dans le Tibre , & alla ainſi demander aux Aſſiégés la permiſſion de faire revenir Camille de de ſon exil. Sa liberté fit la délivrance du Capitole. Camille aſſembla une Armée, & défit les Gaulois , au moment que les Aſſiégés étoient ſur le point de ſe rendre. (1)

¶ L'Empereur Henri III. faiſant le Siége de Poſonio , avoit ſur le Danube pluſieurs Bâtimens , avec tous les préparatifs néceſſaires pour donner l'Aſſaut : lorſqu'un nommé Zormonde , Hongrois de nation , prit la réſolution de ſe jetter à la nage dans ce Fleuve, & d'aller ſous les eaux juſqu'à ces Bâtimens. Il les perça de di-

____

(1) Monarchie Eccléſiaſtique de Pineda.

vers trous avec un Villebrequin, dont il s'étoit muni, sans que les Mariniers en sentissent rien ; de sorte que peu à peu les Bâtimens furent coulés à fond, & l'Empereur contraint de lever le Siége. (1) Après un pareil exemple, il ne doit pas paroître impossible, qu'un Plongeur puisse passer secretement sous les eaux, & aller rendre une Lettre, qui lui a été confiée.

Ce Plongeur doit porter à sa ceinture un bon Couteau ; afin de couper le Filet, dans lequel il pourroit, lorsqu'il s'y attend le moins, se trouver embarrassé ; soit que ce Filet eût été tendu par des Pescheurs, ou par ordre du Général ; afin de prendre le Plongeur, ou les Vivres, que par le Courant des eaux on auroit voulu envoier à la Place.

On peut par le même moïen entretenir une correspondance avec le Gouverneur d'un Port, que les Ennemis ont investi ; & alors le Plongeur, qui doit porter les Lettres, se jettera la nuit dans la Mer ; soit depuis un endroit du bord, jusques où les Gardes de Mer & de Terre des Ennemis ne

______

(1) Foresti, Mappe-monde Histor.

s'étendent pas ; soit depuis un petit Batteau, sur lequel il se sera approché des Vaisseaux ennemis, sous prétexte de venir leur vendre des Herbages, desFruits & autres Vivres.

¶ Lucius Lucullus par un Plongeur, qui traversa la Mer en passant au milieu des Vaisseaux de ses Ennemis, donna avis à ceux, qui défendoient la Place de Cyzique, qu'il se préparoit à leur donner du secours. (1) Jean Fregose, Général des Génois contre Don Alfonse, Roi d'Arragon, qui assiégeoit la Place de Bonifacio, se servit du même moïen pour faire porter des avis aux Assiégés. (2).

J'ai dit précédemment comment on peut par de faux Vivandiers faire entrer un secours d'argent dans une Place assiégée ; à plus forte raison on pourra de cette sorte avec plus de facilité y envoïer une Lettre, dont le poids & le Volume sont infiniment moindres.

¶ J'ai entendu dire à plusieurs Officiers, qu'au Siége de Namur, fait par les François, Don Juan Diaz Pimienta, qui avoit son Régiment dans

§. V.

C. 14. §. 2.

(1) Foresti, Mappe-monde histor.
(1) Foresti, Mappe-monde histor.

eette Place, s'avança jusqu'à la tête de la Tranchée des Assiégeans avec un Barril d'Eau-de-vie, feignant d'être un Vivandier ; que de-là au hazard de quelques coups de Fusil, il avoit couru vers la Place, où il servit durant tout le Siége. Harpagon, pour envoïer à Cyrus une Lettre, qu'il falloit faire passer à travers de ses Ennemis, la mit dans un Liévre, dont il fit fort adroitement recoudre la peau ; & celui qui la porta, étoit chargé de Rets & de Lacets, comme s'il faisoit son métier de la Chasse.

Vous pourrez aussi vous servir de quelques Soldats de confiance, qui sous prétexte d'avoir déserté de votre Camp ou de la Place, arriveront de nuit chez les Ennemis. Ces faux Déserteurs s'offriront aux Officiers de les servir en qualité de Domestiques ou de Soldats, sans demander en entrant ni habits, ni engagemens ; afin que ces Officiers, pour ne pas perdre une Recruë, qui ne leur coûte rien, ne les déclarent pas au Général, ou que celui-ci ne les envoie pas dans quelque Poste, où ils soient gardés jusqu'à la fin du Siége. S'ils sont reçûs parmi les Ennemis, ou comme Soldats, ou comme Domestiques, il leur sera aisé de trouver un occasion de rentrer dans la Place, surtout la nuit par un Front, qui n'est pas attaqué. Pour cela, en faisant semblant de se promener, ils s'avanceront sur le soir pour reconnoître l'intervalle d'une Garde à l'autre des Assiégeans, afin de ne pas aller donner dans quelqu'une. C'est une des instructions de Deville à un Gouverneur de Place.

§ Annibal, pour envoïer un avis à la Ville de Capouë, que les Romains assiégeoient, fit déserter de son Armée à celle des Assiégeans un Afriquain, qui trouva ensuite le moïen d'entrer dans la Place. (1)

Afin que la plûpart des stratagêmes, que nous venons de proposer, aient leur effet; le Gouverneur donnera ordre aux Gardes du Chemin-couvert, & des Portes, de recevoir tout Homme seul, qui du Camp court vers la Place.

L'Espion, qui porte les Lettres, n'en doit pas sçavoir le contenu. Il ne faut pas non plus, qu'il soit instruit

§. VI.
*Des Espions
c. 3. 4. & 5.*

(2) Polybe, Hist. l. 9.

Des Espions c. 3. 4. & 5.

de la Clef du Chifre, dont on s'eſt ſervi pour écrire la Lettre qu'on lui confie. Touchant les précautions à prendre ſur ce ſujet, voïez ce que j'ai dit en traitant des *Espions*.

CHAPITRE XVII.

Comment on peut entretenir une correſpondance par des Signaux. De quelle maniere par des Signaux on forme toute ſorte de mots.

§. I. AVANT que les Ennemis occupent les avenues d'une Place qu'ils menacent, convenez avec le Gouverneur de certains Signaux, pour vous entendre réciproquement, & vous donner les avis néceſſaires. En traitant des *Siéges*, j'ai parlé de quelques Signaux, dont on peut ſe ſervir, lorſque votre Armée ſe trouve proche de la Place, ſans avoir néanmoins aucune communication avec elle.

Des Siéges, Tome VIII. C. 11. §. 5.

§. II. Lorſqu'on eſt plus éloigné de la Place, les Signaux de la part de l'Aſ-ſiégé ſe peuvent faire la nuit par divers nombres de grands Fanaux, sur une Tour déterminée, par des Fusées volantes, par des Flambeaux d'illumination, ou par des Bombes dirigées vers le Front de la Place, qui n'est pas attaqué : le jour par des fumées & des coups de Canon tirés de ce même Front, ou par des Bombes, qui crévent en l'air. De votre part les Signaux se feront de dessus des Tours des lieux de votre dépendance, ou de dessus quelque Montagne, qui se découvre de la Place.

¶ Cornput & Berembrock Officiers, qui étoient de Garnison dans Stéenwiyck, & Norits Commandant des Troupes des Etats Généraux, qui tenoit la Campagne, convinrent ensemble de ce que signifieroient certains Signaux, que durant la nuit on feroit de cette Place avec des Fanaux & des feux, & pendant le jour avec des piéces de toile étenduës en certains endroits désignés. (1)

Il ne faut pas que les Signaux se puissent confondre avec des évenemens, que souvent le hazard fait naître : comme seroient par exemple un

____

(1) Meteren, Histoire du Païs-Bas.

feu fur une Montagne, des Hommes
à Cheval, qui courent dans un Champ,
&c.

¶ Arato, Préteur d'Achaïe, convint
avec quelques Citoïens de Cynethe,
qu'il fortiroit d'une Embufcade voi-
fine pour attaquer la Place, lorfqu'ils
lui donneroient avis, qu'ils étoient
prêts de lui en ouvrir une Porte ; &
qu'un Homme, qui paroîtroit fur le
Sommet d'une certaine Montagne avec
une Capote, feroit le Signal, que
tout étoit difpofé. Un Berger, qui
gardoit fon Troupeau, y parût ; &
comme il étoit affeublé de fa Capote,
Arato crut, que c'étoit le Signal. Il
fortit de fon Embufcade, avant que
ceux, avec qui il étoit d'intelligence
dans la Place, fuffent en état de lui
ouvrir une Porte, & la furprife fut
manquée. (1)

§. III.   On doit inferer de cet exemple & du
fuivant, que la prudence exige de mettre de part & d'autre des Gardes dans les
Poftes deftinés pour faire les Signaux;
afin qu'il n'y ait perfonne, qui y al-
lume du feu, qui y tire des Fufées
volantes, qui y étende de la Toile,

(1) Polybe, Hift. L. 9.

ou qui y pratique autre chofe, qui donne lieu à s'équivoquer fur quelqu'un des Signaux concertés.

§ Lorfqu'Alexandre Farnefe faifoit le Siége d'Anvers, la Garnifon de cette Place avoit convenu avec le Comte d'Hoenlo, qu'au Signal d'un feu, qu'on allumeroit dans un certain endroit défigné, Hoenlo attaqueroit par le côté de la Zelande la Digue de Couvenftein, & que la Garnifon chargeroit en même-tems par l'autre côté. Des Soldats allumerent par hazard du feu dans ce même endroit Les Troupes d'Hoenlo l'aïant vû, crurent que c'étoit le Signal. Elles attaquerent & perdirent beaucoup de monde fans aucun fruit ; parce que les Affiégés, qui n'avoient point fait de Signal, demeurerent tranquilles ; & Hoenlo, qui comptoit fur une Diverfion, fut battu. (1)

On ne doit point changer les Officiers, qui font de Garde aux Poftes où fe doivent faire les Signaux ; parce qu'en remettant chaque jour la Garde à d'autres, le fecret feroit bientôt divulgué ; & les Ennemis, qui auroient

(1) Meteren, Hiftoire du Païs-Bas.

connoiſſance de votre deſſein, détacheroient des Partis pour chaſſer des Poſtes de la Campagne les Hommes, que vous y avez logés pour faire & obſerver les Signaux.

Les nuits qu'il n'y a ni brouillard ni Lune, ſont les plus propres pour les Signaux avec du feu : le meilleur endroit eſt le Front oppoſé à celui de l'attaque ; afin qu'on ne confonde pas les Lumieres & les Bombes de la Tranchée, de la Place & du Camp, avec celles qui ſervent de Signaux.

Tout Signal doit être precedé par un nombre déterminé de Flambeaux d'illumination, de Fanaux, de Fuſées volantes, de Fumées, de coups de Canons, ou de Bombes tirées de la maniere que je l'ai dit ; afin que la Garde, qui doit obſerver les Signaux, ſe prépare à le faire. Alors l'Officier de cette Garde répondra par un autre Signal, qu'il eſt averti, & ſe tient prêt. Il prendra en même teme de l'Encre & du Papier pour écrire les Signaux qu'on va faire. Il ne permettra pas, que les Soldats s'avancent pour voir ce qu'il écrit, afin qu'ils ne comprennent pas ce que les Signaux ſignifient.

Lorsque les Signaux seront finis, l'Officier, qui les observe, en fera un pour marquer, qu'il les a entendus ; ou un autre, qui signifie, qu'il ne les a pas bien compris, & qu'il a besoin d'une plus grande explication. Le Signal aïant été réiteré, & l'avis mieux expliqué, l'Officier marquera par le Signal convenu, qu'il a entendu celui, qui lui a été fait. Cette assurance réciproque, que les Signaux sont compris, sert infiniment pour ne pas retarder une opération, que la Garnison & votre Armée doivent exécuter de concert. Elle sert aussi, afin que les Troupes, qui ont fait le Signal, ne s'engagent pas dans une expédition, en supposant faussement, que leur Signal a été entendu des autres Troupes, qui doivent agir d'accord avec elles : ce qui peut arriver facilenent, lorsqu'il s'est élevé un brouillard près du Poste, d'où les Signaux doivent être observés. On évite encore par-là, qu'on ne prenne les faux Signaux pour les véritables.

Le Signal pour l'avis sera différent de celui de la réponse ; parce que si c'étoit le même, on se mettroit en danger d'être trompé par les Ennemis, qui, par exemple, pourroient élever un même nombre de Flambeaux qu'ils ont vûs.

¶ Annibal aiant deſſein de ſurprendre Tarente contre les Romains, convint de certains Signaux avec Tragiſque, qui étoit dans la Place, & avec qui Annibal étoit d'intelligence. De cette ſorte ils ſe réponddirent l'un à l'autre pour commencer la ſurpriſe en un même tems. (1)

Comme les évenemens, qui peuvent ſurvenir, ſont preſque infinis, Polybe veut, qu'afin d'entretenir une correſpondance par des Signaux, on forme une ſorte d'Alphabet pour exprimer toute ſorte de mots. Polybe donne pour cela une Méthode, qui eſt celle, qui fut pratiquée par Cléoxene, ou par Démocrite. On la trouve dans le Livre X. de ſon Hiſtoire. Je ne la rapporte pas ici, parce que je m'éloigne un peu de ſon idée.

Le jour chaque Lettre ſe peut déſigner par un certain nombre de Fumées, de coups de Canon, ou de Bombes : la nuit par un nombre de Fuſées volantes, de Fanaux ou de

____

(1) Polybe, Hiſt. L. 8.

Flambeaux

Flambeaux. Pour ne pas confondre une Lettre avec l'autre , il y aura un Signal , qui signifiera la séparation de chacune : par exemple , si les Lettres sont marquées par le nombre de fois qu'on éleve un Fanal , la séparation sera distinguée par une Fusée volante ; & si elles sont désignées par le nombre des Fusées que l'on tire , on distinguera la séparation de la Lettre par un Flambeau , ou un Fanal qu'on élevera.

Il faut tenir les Flambeaux & les Fanaux élevés & baissés pendant un peu de tems ; afin qu'on puisse mieux voir , & compter le nombre de fois qu'ils paroissent. Pour signifier chaque Lettre par un nombre , on ne doit pas assigner ce nombre à chaque Lettre , selon le rang qu'elle tient dans l'Alphabet ordinaire : mais pour qu'il soit plus difficile aux Ennemis de comprendre les Signaux , on change cet ordre , & l'on convient d'un mot , qui sert de Clef au Chifre. Par exemple , supposons , que la Clef du Chifre soit le mot *Monsieur* , & que nous aions retranché de l'Alphabet les Lettres K. J. & V. Consonnes , qui ne sont pas absolument nécessaires , on

ajoûte au mot *Monsieur* les autres Lettres selon leur ordre Alphabétique.
Le nombre 24. sert pour avertir qu'on
va faire le Signal. Le nombre 23. que
le Signal a été compris, & le nombre
12, que le Signal n'a pas été entendu. Ces trois nombres servent encore
pour rendre plus difficile aux Ennemis la construction du Chifre, qui se
forme de cette sorte.

$$M \quad o \quad n \quad s \quad i \quad e \quad u \quad r \quad A \quad b$$
24. 23. 12. 1 2 3 4 5 6 7 8 9 10
$$c \quad d \quad f \quad g \quad l \quad p \quad q \quad t \quad x \quad y \quad z.$$
11 13 14 15 16 17 18   19 20 21 22.

Par exemple, si je veux dire *Troupes*,
je ferai les Signaux 19 8 2 7 17 6 4.
parce que selon la Clef du Chifre

$$
\begin{array}{rcl}
19 & \text{vaut} & T \\
8 & \text{-----} & r \\
2 & \text{-----} & o \\
7 & \text{-----} & u \\
17 & \text{-----} & p \\
6 & \text{-----} & e \\
4 & \text{-----} & s \\
\end{array}
$$

Quelques Ecrivains proposent la
chose autrement & veulent qu'on

faſſe des Lettres de bois fort grandes,
& qu'après les avoir garnies de Chan-
delles ou de Lampions éclairés, qui
forment auſſi la Lettre, on les mon-
tre la nuit l'une après l'autre, ſelon
l'ordre qu'elles doivent avoir, pour
exprimer ce que l'on ſouhaite faire
connoître. Si les Eſpions ou les Partis deſtinés pour les obſerver ſe trouvent à une trop grande diſtance, ils
ſe ſerviront de Lunettes d'approche,
qui dirigées vers un Corps lumineux
ou illuminé, ne laiſſent pas de nuit
même de mieux faire diſtinguer l'objet.

On conçoit aiſément, qu'afin que
les Ennemis ne comprennent pas le
Signal, il eſt néceſſaire de changer
la ſignification des Lettres de la même
maniere que je l'ai dit par rapport aux
nombres. Par conſéquent le Général
de votre Armée & le Gouverneur de
la Place conviendront avant le Siége
de ce changement, en choiſiſſant un
mot pour la Clef de leur Chifre. Par
exemple, prenez pour cette Clef
le mot *Triomphe*, & après avoir
retranché les Lettres K J V Conſon-
nes par la même raiſon, que nous
avons déja touchée, ajoûtez à ce mot

V ij

Triomphe les autres Lettres selon leur
ordre alphabétique en cette sorte,

T R I O M P H E A B C D
a b c d e f g h i l m n
F G L N O S U X Y Z.
o p q r s t u x y z.

Si avec ce Chifre je veux écrire
Sortie, j'écrirai *T d b a c h*, parce
que selon la Clef du même Chifre.

T vaut S
d — — — — O
b — — — — R
a — — — — T
c — — — — I
h — — — — E

Pour moi j'avouë, que tout cela
me paroît bien long, & que je
voudrois réduire les Signaux à un
petit nombre de demandes & de réponses, qui suffisent ordinairement
pour entretenir la correspondance d'un
Général avec le Gouverneur de la Place assiégée.

Un Général souhaite pour l'ordinaire de sçavoir combien de jours la
Place se défendra ; afin de voir s'il

peut attendre un renfort de Troupes, qui font en marche ; ou s'il doit rifquer le fecours, avant qu'elles foient arrivées ; parce que s'il n'a pas de nouvelles fûres de l'état de la Place, il eft expofé à faire bien desfautes, ou par trop de précipitation, ou par trop de retarardement.

Des Siéges,
C. 21. §. 2.

Si les Ennemis viennent d'éprouver quelque nouveau malheur, comme feroit par exemple la défaite de leurs Troupes fur la même ou fur une autre Frontiere ; le foulévement d'une de leur Province ; un Prince, qui auroit abandonné leur alliance ; la maladie contagieufe, qui fe feroit introduite dans leur Armée, &c. vous devez d'abord en donner avis à la Place, afin de ranimer le courage de ceux qui la défendent.

§ Dès que le Comte de Tekeli Général des Hongrois, qui avoit été fait Prifonnier par les Turcs, fe vit en liberté & à la tête de fon Armée, il le fit fçavoir à la Garnifon de Moncatfch, Place affiégée par les Impériaux ; afin que l'efpérance du fecours animât les Affiégés à une plus vigoureufe défenfe. (1)

(1) Vie du Comte de Tekeli.

D'abord que vous vous préparez à secourir la Place, donnez-en avis aux Assiégés ; afin qu'en attendant ils continuent à se défendre avec courage.

¶ Le Prince Robert Général des Troupes de Charles I. Roi d'Angleterre, son Oncle, se mit en marche pour aller secourir la Place d'Yorch, assiégée par les Rebelles, & presque réduite à l'extrêmité. Dès qu'il fût arrivé à la vûë de cette Ville, il fit de grandes fumées ; afin que les Assiégés connussent, que le Secours approchoit. (1)

Quand le tems, pour jetter du secours dans la Place est proche, vous donnerez avis au Gouverneur de l'heure du jour ou de la nuit, que vous avez résolu de le faire entrer ; afin qu'en même tems que votre feu commencera, il fasse sortir une partie de la Garnison pour favoriser le passage, ou pour enclouer l'Artillerie, & ruiner la Tranchée.

¶ Lorsque Bacchide faisoit le Siége de Bethlaga avec les Troupes du Roi Demetrius, Jonathas Aphus donna

____

(1) Bilaccioni, Histoire de la Guerre Civile d'Angleterre.

avis à Simon Machabée son Frere, Gouverneur de la Place de faire une sortie contre les Assiégeans, au même moment que Jonathas commenceroit à les charger. Les deux Freres l'executerent de cette sorte ; & Bacchide aïant été attaqué par derriere & par le Front, fut défait. (1)

Si la Garnison de la Place est assez nombreuse pour attaquer la Garde ordinaire de la Tranchée, elle doit sortir aussi-tôt que votre Armée a sonné l'alarme, quand même le Secours marcheroit par un autre côté ; parce qu'alors on n'enverra pas à la Tranchée un puissant & prompt renfort ; & supposé même que le Secours fut battu, la Garnison aura toûjours l'avantage d'avoir ruiné quelques travaux de l'Assiégeant, & de lui avoir encloué quelques Piéces.

Voïez C. 12. §. 3.

Afin que le Gouverneur sçache laquelle des attaques sera la véritable ou la fausse, & qu'il puisse par conséquent prendre de justes mesures pour la sortie & à s'engager plus ou moins contre la Tranchée, vous lui marquerez vers quel côté ce Secours tient sa marche.

(1) Joseph, Antiquités des Juifs.

Sɪ vous jugez, qu'il n'eſt pas poſſible d'introduire le Secours, faites-en donner avis au Gouverneur, qui, ſuppoſé qu'il ſoit homme d'honneur, ne doit pas pour cela rendre plûtôt la Place.

§ Le Cardinal Archiduc Albert, après avoir examiné la diſpoſition de l'Armée d'Henri IV. Roi de France, qui aſſiégeoit Amiens, vit, qu'il étoit impoſſible de ſecourir cette Place. Il en donna avis au Marquis de Montenegro, qui en étoit Gouverneur, & lui ordonna de capituler aſſez-tôt, pour que la Garniſon ne fût pas Priſonniere de guerre. (1)

J'ai prouvé en traitant des *Siéges*, que dans diverſes occurrences il vaut mieux ſauver les Troupes d'une Place que de continuer pluſieurs jours de plus ſa défenſe; & que dans quelques autres cas ce n'eſt pas un ſi grand malheur pour le Prince que la Garniſon ſoit faite Priſonniere de guerre, qu'il eſt avantageux pour lui de détenir quelque tems l'Armée aſſiégeante. Par conſéquent il faut faire avertir le Gouverneur, s'il doit pouſſer la réſiſtance

(1) Bentivoglio Hiſt. de Flandres.

juſqu'à

jusqu'à la derniere opiniâtreté, ou capituler assez-tôt, pour que la Garnison ne soit pas Prisonniere. On doit pourtant le détromper sur le secours qu'il ne doit pas attendre ; de peur que flatté de l'espérance de le voir arriver d'une heure à l'autre, il n'expose la Place à être saccagée, & la Garnison & les Habitans à être passés au fil de l'épée ; lorsque n'aïant plus de bonne Coupure ni Citadelle, ni Château, ni autre retraite, il n'est plus tems de capituler pour sauver la vie des Troupes & des Citoïens.

Le Gouverneur vous donnera aussi avis de l'heure du jour ou de la nuit qu'il doit tenter une sortie ; afin qu'en faisant de votre côté diversion par une véritable ou fausse attaque, les Ennemis n'accourrent pas si promptement pour renforcer leur Tranchée par les Piquets de leur Armée, ou par des Bataillons & des Escadrons détachés de leur Camp.

Le Gouverneur vous avertira aussi en quelle nuit, & par quel chemin les bouches inutiles doivent se retirer de la *Voïez C. 12. §. 4.* Place ; afin de vous trouver prêt pour favoriser leur marche & leur retraite. Il vous donnera encore avis, s'il va bientôt manquer de Vivres, de Médicamens, de Poudre, de Grenades, de Pierres à Fusil, d'Argent, de Méche, de Troupes, de Canoniers, de Mineurs ou d'Ingénieurs. Si la Bréche est déja en état, pour que l'Assiégeant fasse jouer sa Mine, ou s'il y a à craindre un soulevement de la part de la Garnison ou des Habitans.

Lorsque par quelqu'un de ces motifs, ou par quelqu'autre la Place est réduite à se rendre incessamment, le Gouverneur vous le fera sçavoir par un Signal convenu.

§ En 1656 les Maréchaux de Turenne & de la Ferté firent le Siége de Valenciennes. Comme cette Place avoit besoin d'un prompt secours pour continuer à se défendre, le Gouverneur par un bruit extraordinaire de son Artillerie en donna avis à Don Juan d'Autriche & au Marquis de Carazena. Ils comprirent par ce Signal l'état pressant où se trouvoient les Assiégés ; & aïant forcé les Lignes des Assiégeans, ils jetterent du secours dans la Place. (1)

§ Le Comte de Staremberg assiégé

____

(1) Du Verdier, Hist. de France.

dans Vienne par les Troupes de Mahomet IV. ne voiant plus aucun moïen
de soutenir le Siége , le fit entendre à
l'Armée Chrétienne par des Torches
qu'il alluma au haut de la Tour de
Saint Etienne ; ce qui dans cette occurrence étoit le Signal convenu avec
le Duc de Lorraine. (1)

(1) Foresti , Mappe-Monde Hist.

Demandes & Réponses par des Signaux.

Avertissement qu'on va faire des Signaux.

Réponse, qu'on est prêt à observer les Signaux.

Combien de jours se défendra la Place ?

Un jour

Deux jours.

Trois jours.

Quatre jours.

Huit jours.

Signaux de nuit.

Un Flambeau d'illumination, qu'on tient élevé pendant assez long-tems.

Un Flambeau comme le premier, & ensuite un second qu'on ne tient élevé que peu de tems.

Un Flambeau, & ensuite une Fusée volante à étoiles.

Deux Flambeaux & une Fusée, les trois l'un après l'autre.

Deux Flambeaux l'un après l'autre, & une Fusée, tirée pendant que le le second Flambeau brûle, & qu'on baisse en même-tems que la Fusée créve.

Un Flambeau élevé pendant un peu de tems, & qu'on baisse au moment que créve ue Fusée, tirée pendant qu'il brûloit.

Trois Flambeaux & ensuite une Fusée.

Trois Flambeaux l'un après l'autre, dont on baisse le premier & le dernier à l'instant que créve une Fusée tirée pendant que ce premier & dernier Flambeaux brûloient.

Demandes & Réponses par des Signaux.

Douze jours

Seize jours

Vingt jours

Vingt-cinq jours

Trente jours

La Place sera secourue

Par le Front du Levant

Par le Front du Couchant

Signaux de nuit.

Le même Signal que le précédent, avec cette seule différence que les Fusées sont jointes au second & troisième Flambeaux.

Trois Flambeaux chacun accompagné de sa Fusée, & qu'on baisse l'un après l'autre en même tems que la Fusée créve.

Quatre Flambeaux & une Fusée, tous l'un après l'autre.

Quatre Flambeaux l'un après l'autre, dont on baisse le dernier, au moment que créve une Fusée, tirée pendant que ce dernier Flambeau brûloit.

Le même Signal que le précédent, en ajoûtant une Fusée au troisiéme Flambeau, qu'on baissera à l'instant que la Fusée créve.

Quatre Flambeaux & quatre Fusées, tous l'un après l'autre.

Quatre Flambeaux l'un après l'autre, & une Fusée après le premier & le dernier.

Quatre Flambeaux l'un après l'autre, & une Fusée après le second & le dernier.

X iiij

Demandes & Réponses par des Signaux.

Par le Front du Sud

Par le Front du Nord

Dimanche prochain

Lundi prochain

Mardi prochain

Mercredi prochain

Jeudi prochain

Vendredi prochain

Samedi prochain

Entre le Soleil couchant & minuit.

Entre minuit & & le point du jour.

Entre le point du jour & midi.

Entre Midi & le Soleil couchant.

Signaux de nuit.

Quatre Flambeaux l'un après l'autre, & une Fusée après le troisiéme, & une autre après le quatriéme.

Cinq Flambeaux l'un après l'autre, & une Fusée après chaque Flambeau.

Une Fusée, un Flambeau, & une autre Fusée, tous l'un après l'autre.

Une Fusée, deux Flambeaux, & ensuite une autre Fusée.

Une Fusée, trois Flambeaux, & ensuite une autre Fusée.

Une Fusée, quatre Flambeaux & une autre Fusée.

Une Fusée, cinq Flambeaux & une autre Fusée.

Une Fusée, six Flambeaux & une autre Fusée.

Une Fusée, sept Flambeaux & une autre Fusée.

Un Flambeau, & deux Fusées successivement l'une après l'autre.

Un Flambeau & trois Fusées successives.

Un Flambeau & quatre Fusées successives.

Un Flambeau & six Fusées successives.

Demandes & Réponses par des Signaux.

Les Ennemis seront obligez de lever le Siége à cause de la maladie, ou faute de Vivres, de Fourages & de Munitions ; ou parce que leurs Alliés se sont détachés ; ou parce qu'une de leur Province s'est soulevée.

Il n'y a point de secours à esperer : mais la Place doit se défendre jusqu'à la derniere extrêmité, même au risque que la Garnison soit faite Prisonniere de Guerre.

Le Gouverneur doit se défendre autant qu'il pourra, sans risquer néanmoins, que la Garnison soit faite Prisonniere

Réponse de n'avoir pas bien entendu le Signal, afin qu'on le réitere & qu'on s'explique mieux.

Réponse d'avoir bien entendu les Signaux.

Avis du Gouverneur au Général de l'Armée amie, qu'il manque dans la Place des Vivres.

Qu'il manque de la Poudre.

Signaux de nuit.

Six Flambeaux successifs & une Fusée à la fin.

Six Flambeaux l'un après l'autre, & une Fusée à la fin de chacun des trois derniers.

Six Flambeaux l'un après l'autre, & une Fusée après chacun.

Six Flambeaux l'un après l'autre, avec une Fusée après chacun des trois premiers.

Six Flambeaux successifs, & ensuite six Fusées l'une après l'autre.

Une Bombe, qui créve en l'air, vers le Front qui n'est pas attaqué, & ensuite un Flambeau. *Voïez l'Observation à la fin des Signaux.*

Une Bombe & ensuite de beaux.

Demandes & Réponses par des Signaux.

Qu'il manque des Grenades.

Qu'il manque des Pierres de Fusil

De l'Argent

De la Méche

Des Troupes

Des Canoniers

Des Mineurs

Des Ingénieurs

Des Médicamens

La Bréche sera accessible dans tant de jours. *On a déja dit par quels Signaux on peut exprimer le nombre des jours.*

La Place ne sçauroit plus se défendre qu'un tel nombre de jours.

Les Habitans sont prêts à se révolter.

La Garnison est prête à se révolter.

Signaux de nuit.

Une Bombe & trois Flambeaux.

Une Bombe & ensuite quatre Flambeaux.

Une Bombe & ensuite cinq Flambeaux.

Une Bombe & ensuite six Flambeaux.

Deux Bombes & ensuite un Flambeau.

Deux Bombes & ensuite deux Flambeaux.

Deux Bombes & ensuite tois Flambeaux.

Deux Bombes & ensuite quatre Flambeaux.

Deux Bombes & ensuite six Flambeaux.

Une Bombe, un Flambeau & une autre Bombe.

Une Bombe, deux Flambeaux & une autre Bombe.

Une Bombe, trois Flambeaux & une autre Bombe.

Une Bombe, quatre Flambeaux & une autre Bombe.

Demandes & Réponses par des Signaux.

La Garnison où les Habitans ont commencé à se révolter.

La Place fera une sortie, l'Armée amie doit se tenir prête pour faire diversion. *On a déja dit par quels Signaux on peut marquer le jour, la nuit & l'heure.*

Signaux de nuit.

Une Bombe, cinq Flambeaux & une autre Bombe.

Trois Bombes & ensuite un Flambeau.

OBSERVATION.

On peut de la même maniere se former des Signaux de jour par des Fumées, par des Bombes qui crévent en l'air, & par des Fusées, qui font en crévant beaucoup de bruit, le tout dirigé vers un Front, qui n'est pas attaqué.

Quoique ces Signaux soient imprimés, chacun pourra s'en servir en changeant leur signification. Par exemple on pourra convenir, que le Signal d'une Bombe qui créve en l'air, & ensuite un Flambeau, qui signifie que la Place manque de Vivres, sera le Signal, pour signifier, qu'elle se défendra encore trente jours, & ainsi des autres.

J'ai déja fait observer, qu'un tems de Brouillard ou de pluie, & une heure de la nuit, que la Lune éclaire, ne conviennent pas pour faire des Signaux. Que les Fusées pour les Signaux de jour doivent être composées de maniere, qu'elles fassent beaucoup de Fumée & beaucoup de bruit ; & que pour les Signaux de nuit, elles doivent jetter beaucoup

d'Etoiles

d'Etoiles ou de Paillettes, & être fort lumineuses. J'ajoûte que pour ne pas confondre le jour les Bombes avec les Fusées, il faut convenir par exemple que les Bombes seront dirigées vers le Levant, & les Fusées vers le Couchant.

Quand on entend le bruit sans voir le feu, c'est une marque que la Fusée de la Bombe s'est éteinte. Dans ce cas il convient d'avoir un autre Mortier de réserve chargé. Il faut aussi avoir des Fusées de réserve toutes prêtes pour s'en servir lorsque quelqu'une de celles qui sont destinées pour le Signal, ne prend pas feu au tems juste, ou crève avant de s'élever.

CHAPITRE XVIII.

Par quelle autre voïe on peut donner avis aux Assiégés qu'ils seront secourus ; lorsque les moïens, dont on a parlé auparavant, ne sçauroient être mis en usage.

§. I.   LEs Ennemis auront peut-être si bien pris leurs mesures, & le Terrain leur sera si avantageux, qu'il ne vous sera pas possible de faire avancer, jusqu'à une distance convenable de la Place, des Partis pour faire les Signaux, que nous avons proposés ; ou bien un Brouillard continuel vous empêchera de les voir. Si le premier cas arrive, ou si faute de répondre à vos Signaux, vous avez lieu de soupçonner le second, dans un tems qu'il y a du danger à differer de donner un avis aux Assiégés, faites-leur porter cet avis par un Homme, qui tentera d'entrer dans la Place, en prenant pour cela les moïens & les précautions, dont nous avons parlé au Chapitre XVI.

¶ Pour éviter que les Mityleniens ne perdissent l'espérance de recevoir du secours, & qu'ils ne se rendissent aux Athéniens qui les assiégeoient, les Lacédémoniens dépêcherent un nommé Saletho, qui étant entré secretement dans Mitylene, anima les Défenseurs à une opiniâtre défense par l'espoir qu'il leur donna d'un prompt secours. (1)

Lorsque les Ennemis serrent de si près la Place, qu'il n'est pas même possible d'y faire porter aucun avis, & qu'il y a tout lieu de craindre qu'elle ne se rende, si elle n'a pas d'espérance d'être promptement secouruë. Dans ce cas, dès que vous arriverez à dix ou douze lieuës de la Place, faites diverses décharges de plusieurs Piéces de votre Artillerie, tirées en un même tems, dont les bouches seront tournées vers la Place, qui entendra aisément ce bruit principalement de nuit, & quand le Vent porte.

¶ C'est de cette maniere qu'en 1676 le Maréchal de Schomberg donna à entendre à la Garnison de Mastricht

(1) Thucydide, Hist. L. 3.

que l'Armée Françoise marchoit à son secours. Schomberg craignoit d'apprendre d'heure en heure la reddition de cette Place, qui étoit assiégée par le Prince d'Orange, & dont les travaux du Siége étoient fort avancés, si on lui laissoit ignorer que le secours approchoit. (1)

Pour gagner encore plus de t ms, faites ces décharges, dès que vos premieres Troupes arrivent avec quelques Piéces dans un endroit, d'où le bruit peut être entendu de la Place; quand même plusieurs Régimens que vous attendez pour exécuter ce secours, n'auroient pas encore joint votre Armée. Il est à supposer, qu'avant le Siége le Gouverneur aura été instruit de ce que doivent signifier ces décharges, qu'il faudra répéter à mesure que votre Armée s'avancera.

§ Le Marquis Ambroise Spinola, Général des Troupes de Philippe III. Roi d'Espagne & de l'Archiduc Albert, apprit qu'un de ses Quartiers, établi à Mulen sous les ordres du Comte de Triulce, étoit investi par Maurice & Henri de Nassau. Comme les

______

(1) Abregé de la Vie de Loüis XIV.

Catholiques se trouvoient dans un très-grand danger, malgré le secours que Don Loüis de Velasco avoit donné à Triulce ; Spinola se mit lui-même en marche avec deux mille six cens Espagnols ; & afin qu'en attendant l'arrivée de ce secours Triulce & Velasco ne fussent pas battus, il fit avancer en toute diligence quelques Tambours. Les Princes de Nassau, aïant oüi la Marche que ces Tambours battoient, crurent que c'étoit déja Spinola, & ils abandonnerent l'entreprise. (1)

(1) Bentivoglio, Histoire de la Guerre de Flandres.

CHAPITRE XIX.

Bruits qu'il faut faire courir sur l'état de la Place ; afin que les Ennemis le trompent dans la maniere de l'attaquer. En quelles occasions on doit publier ou non, que vous vous préparez à secourir la Place.

§. I.

ORSQUE vous connoissez par les avis de vos Espions, ou par l'ouverture de la Tranchée le Front de la Place, que les Ennemis ont dessein d'attaquer ; si ce côté est le plus foible, témoignez avoir de la joye de la détermination qu'ils ont prise ; en donnant à entendre, que c'est là où sont les Mines & en grand nombre, & où il vous sera aisé de faire des Coupures, & de mettre avantageusement en usage tout ce qui peut servir à la meilleure défense. Si au contraire les Ennemis attaquent la Place par le côté le plus fort, paroissez-en affligé, en disant, comme en confidence à plusieurs personnes, que vous sçavez que la Muraille de ce Front a de grands défauts, quoiqu'ils ne paroissent pas. Cet Artifice du Gouverneur servira à tromper les Soldats, qui déserteront ensuite, & les Espions, que l'Assiégeant aura dans la Place ; & peut-être sur les avis des uns & des autres les Ennemis s'opiniâtreront à attaquer le Front, qui est le plus de défense. L'Exemple de Metz que j'ai rapporté en traitant des *Siéges*, est une preuve du bon effet, que peut avoir ce que je propose.

Voïez Tome VIII. page 5.

Il est rare qu'on attaque une Place par le Front le plus foible. C'est peut-être, parce que ce qui paroît foible par dehors, est souvent le plus fort par dedans. Les Vénitiens, qui assiégoient Negrepont, en firent une fatale expérience.

Des Siéges, Tome VIII. p. 35.

Quelques autres fois cela peut provenir de ce que l'Ingénieur en Chef se fait un mérite de ne pas suivre l'opinion commune des autres Ingénieurs & des Officiers de son Armée, qui antérieurement avoient dirigé l'attaque de la même Place ; & comme il y a peu de Places également fortes par tous les côtés, il doit nécessai-

rement arriver , que si le premier attaqué par le Front le plus foible , le second , qui veut faire une attaque dif-
férente , attaquera par le côté , qui
est plus de défense.

§ Dans les quatre derniers Siéges de
Barcelonne les attaques furent toûjours différentes , quoique les Fortifications fussent les mêmes , & que
les Ingénieurs des Armées Assiégean-
tes fussent très-habiles.

§ Ciceron parlant de la difficulté
qu'il trouvoit à expliquer divers passages de quelques Ouvrages , s'énon-
ce ainsi : *Les premiers Auteurs* , dit-il ,
se sont déjà servis des meilleures ex-
pressions ; de sorte qu'il n'y a plus de
mérite à user des mêmes paroles ; & si
je veux en chercher d'autres , je cours
risque de m'accoûtumer à emploïer les
moins bonnes. (1)

Si la Place a plus de Vivres que de
Troupes & de Munitions , ou si vous
avez besoin de plusieurs jours pour
disposer le secours , assemblez vos
préparatifs à la dérobée ; & dans les
bruits que vous répandrez , diminuez
le nombre de vos Troupes. Faites mê-

____

(1) Cicer. Rhetor. L. 1.

me en forte, qu'on croïe, que vous
avez ordre de votre Prince de ne pas
tenter le fecours, & d'éviter abfolument le Combat ; afin que les Ennemis, qui ne craindront pas que la Place foit fecouruë, ne fe preffent pas
extraordinairement pour avancer les
travaux du Siége, & donner les Af-
fauts.

Si au contraire votre intention fe-
crette eft de ne pas tenter de fecourir
la Place ; ou fi, pour y introduire du
fecours, vous n'attendez pas d'autres
Troupes que celles, que vous avez
dans votre Armée ; ou fi enfin la Place manque de Vivres, & a beaucoup
de Troupes, & de provifions de Guerre : dans tous ces cas vous devez
fouhaiter, que les Ennemis fe hâtent
d'avancer les travaux, & de donner
l'Affaut au Chemin couvert & aux
Ouvrages extérieurs ; afin qu'il leur
en coûte cher ; & qu'affoiblis &
découragés par le monde qu'ils y auront perdu, ils fe trouvent moins en
état de réfifter, lorfque vous les atta-
querez pour ouvrir un paffage au fecours. Il eft donc à propos dans ces
circonftances de donner à entendre,
que vous avez des ordres de votre

Tome X.   Z

Souverain de fecourir la Place à quelque prix que ce foit, dès que vous aurez reçû un renfort de quelques Régimens que vous attendez, & que vous feindrez venir d'un autre Païs; fans faire paroître de l'inquiétude, que fur ce que les Ennemis pourroient en attendant preffer les travaux & les attaques, & fe rendre Maîtres de la Place.

Il faut adroitement femer le bruit, que la Garnifon eft déja beaucoup diminuée par les maladies & les bleffures; que la méfintelligence regne parmi les principaux Officiers; que la Place manque d'une partie des chofes, qui pourroient contribuer à une bonne défenfe; qu'il n'y a que les Magafins de Vivres, qui font beaucoup mieux fournis qu'on ne croïe, &c. Quoiqu'il paroiffe, que le Général affiégeant doit être parfaitement inftruit de l'état de la Place, l'expérience nous a fouvent fait voir le contraire, & les exemples que j'ai rapportés dans un autre endroit à ce fujet, en font une preuve convaincante.

§. III. Toutes les fois que le Gouverneur voit, que les Troupes ou les Habi-

tans commencent à perdre courage ,
il doit les flatter d'une espérance certaine d'un prompt secours , tant que
la Place est encore en état de se défendre.

¶ Le Duc de Nemours, Gouverneur
de Paris pour la Ligue Catholique,
anima de cette maniere ceux de son
Parti. Sur cette espérance cette grande Ville continua à se défendre , jusqu'à ce qu'Alexandre Farnese arriva à
son secours. (1)

Il est important , que le Gouverneur cache à sa Garnison les malheu-
reux succès , qu'auront éprouvé votre Prince & votre Armée, & qu'il pu-
blie les heureux. S'il a lieu d'appréhender , que les Habitans , soit pour n'être
pas exposés aux périls du Siége , soit
pour éviter que les Ennemis ne désolent leur Campagne, n'obligent la Garnison à se rendre ; il doit par avance
faire défense à toutes personnes , sous
peine de confiscation de leurs biens ,
& d'être traitées comme rebelles , qui
par prieres , par menaces ou par force
voudroient porter la Garnison à rendre la Place.

Des Siéges ;
Tome IX. C.
17. §. 2.

Des Siéges
Tome VIII. C.
9.

(1) Foresti, Mappe-Monde, Hist.

CHAPITRE XX.

En quel temps & en quelle maniere il faut , pour fecourir la Place , livrer un Combat général à l'Armée de l'Affiégeant.

§. I.

Voïez Chap. 12. & fuiv.

C. 22. & 23.

NOUS avons dit dans les Chapitres précédens comment on peut à la dérobée jetter du fecours dans une Place , & obliger les Ennemis à lever le Siége en leur coupant l'eau, les Fourages & les Vivres, ou en inondant leurs Tranchées & leur Camp. Nous parlerons bientôt des Diverfions Militaires & Politiques , qui peuvent porter l'Ennemi, qui affiége une Place, à abandonner l'entreprife. Mais comme pour les fecours, il faut quelquefois de force ouverte attaquer l'Armée de l'Affiégeant , difons un mot fur cette matiere.

§. II.

Si vous prenez la détermination de livrer la Bataille à l'Armée affiégeante, que ce foit au commencement du Siége d'abord qu'elle aura occupé les avenuës, ou après qu'elle aura perdu beaucoup de monde devant la Place. Dans le premier cas vous aurez l'avantage de ne pas trouver encore la Ligne des Ennemis en bon état de défense. On n'aura pas même encore eu le tems d'ôter tous les obstacles, qu'opposent à la libre communication de leurs Troupes les Mares, les Ravins, & les Murailles ou les Haïes des Vignes & des Jardins. Dans le second cas le nombre des Assiégeans sera beaucoup diminué par les Blessures & par les Maladies, qui se mettent ordinairement dans une Armée, qui campe long-tems dans un même endroit. Leur Cavalerie, vers la fin d'un Siége, qui dure beaucoup, sera affoiblie & harassée par la disette du Fourage, ou par la fatigue de l'aller chercher bien loin, ou par les Marches continuelles pour escorter les Convois.

¶ Les Espagnols attaquerent M. de Goesbriant Général de l'Armée Françoise, qui assiégeoit Lekenich, & l'obligerent à lever le Siége, avant qu'il eût mis sa circonvallation en état de défense. (1)

____

(1) Du Buisson, Vie de Turenne.

§ Le Marquis de Leganés, Commandant des Troupes de Philippe IV. Roi d'Espagne, pour jetter du secours dans Lerida, que les François & les Catalans, sous les ordres du Comte d'Harcourt assiégeoient, attendit, que par la durée du Siége l'Armée de l'Assiégeant eût été beaucoup diminuée. (1)

S. II.

Sans vouloir former un nouveau projet sur la maniere d'attaquer la Ligne d'une Armée, qui assiége une Place, je proposerai ici celui du Chevalier de la Valiere. J'ajoûterai seulement quelques Réflexions, qui me paroissent nécessaires. Le Caractere Italique distinguera les paroles de cet Ecrivain des observations que j'y ferai.

Lorsque la Circonvallation est faite, & vous voulez la forcer, pour jetter du secours dans la Place assiégée ; venez camper le plus près que vous pourrez de la Ligne des Assiégeans : mais néanmoins au-delà de la portée du Canon.

A l'entrée de la nuit détachez de votre Armée de petits Partis pour donner

(1) Bisaccioni, Guer. Civil. de Catalogne.

l'alarme en divers endroits, & ne faire l'effort qu'en un seul. Ou bien séparez votre Armée en deux Corps considerables, & en plusieurs petits, pour faire deux véritables attaques : mais que ces deux gros Corps ne soient pas si fort séparés, que l'un, venant à être repoussé, soit enfoncé & rompu par les Ennemis, qui sortiront de la Ligne, avant que l'autre puisse accourir à son secours.

Je trouve, que ce dernier avis de la Valiere est confirmé par l'exemple de Denys I. Tyran de Syracuse, qui aïant attaqué avec trois Corps différens l'Armée Carthaginoise commandée par Himilcon, qui assiégeoit Gela, fut défait ; parce qu'il y avoit tant de distance d'un Corps à l'autre, que l'un des trois aïant été envelopé par un nombre supérieur de Carthaginois, ne pût pas recevoir du secours des deux autres.

Marchez toûjours de nuit, afin que les Ennemis n'aient pas connoissance de votre mouvement & de votre dessein.

Ce n'est pas assez de marcher de nuit, pour éviter, que les Ennemis par des Espions, par des Déserteurs, ou de quelque autre maniere n'aient avis de votre Marche ; surtout si elle

Des Surprises, C. 5. §. 3. C. 6. C. 18. §. 3. & 4.

Z iiij

est longue. Je l'ai fait voir ailleurs,

L'heure la plus favorable pour attaquer, est un quart d'heure, ou une demie heure avant le jour ; parce que les Ennemis ne distinguant point l'endroit de la véritable ou des fausses attaques, ne sçauroient à propos distribuer leurs Troupes ; & lorsque votre premiere attaque vous aura donné quelque avantage sur les Ennemis, vous pourrez avec le jour vous reconnoître, & profiter de votre bonheur. Dans les Combats de nuit une terreur panique saisit les Troupes, & leur fait prendre la fuite sans nécessité. C'est pour cela que je crois cette heure avantageuse pour les Armées, qui en attaquent d'autres plus fortes, & qui veulent tout donner à la fortune. On peut ajoûter, qu'en attaquant de jour, il en coûte beaucoup pour approcher des Lignes à cause de l'Artillerie & de la Mousqueterie que les Ennemis ont à couvert, tandis que vos Soldats sont vûs depuis la tête jusqu'aux pieds ; & si vous ne forcez pas en un instant la Ligne, vous y perdez tant d'Hommes, que le reste s'intimide, recule & prend la fuite : au lieu que de nuit le feu des Ennemis qui n'a point de visée, fait moins de ravage.

J'ai prouvé en traitant des *Surpri-* *Des Surpri-ses*, C. 3. §. 4.
ses, qu'on doit devancer l'heure de
l'attaque, si la coûtume de l'Armée
ennemie est de monter les Gardes au
point du jour; & qu'il ne faut jamais
compter trop juste le tems de la Marche; parce qu'il vaut mieux arriver
deux heures avant le jour, qu'un quart
d'heure après.

*Je suppose, que c'est par le Front le
plus foible, que vous attaquez la Ligne
ennemie. Le foible de la Ligne peut
consister en ce que le Fossé dans ce Front
est moins profond & moins large, &
la Ligne moins flanquée d'Angles saillans, & moins défenduë par de bons
Forts.*

*En ce que le Terrain, qui est derrie-
re la Ligne, est incommode pour former les Troupes en Bataille: comme
cela arrive, lorsqu'il s'y trouve des
Ravins, des Marêts, des Bois, qui
n'ont pas été coupés, ou des Vignes qu'on
n'a pas arrachées.*

*En ce que la ligne est commandée par
quelques hauteurs où vous pouvez vous
loger.*

*En ce que des Chemins profonds, qui
ne sont pas enfilés, ou des Collines
vous donnent la facilité de vous appro-*

cher à couvert, particulierement lorsque vous devez attaquer de jour.

Quand la Ligne est commandée par une hauteur que vous occupez, ne précipitez point l'attaque; parce que si les Ennemis se présentent en grand nombre pour défendre la Ligne, vous les désolerez par votre feu, & s'ils se présentent en petit nombre, vous les forcerez.

Tom. IX. p. 291.

Je m'écarte un peu sur ce dernier point de ce que dit la Valiere; parce que je trouve, ou qu'il s'est trompé, ou qu'il y a faute d'impression. J'appuie mon sentiment sur l'exemple de la Bataille de Ravenne; puisqu'une Batterie qu'Alfonse d'Est, Duc de Ferrare avoit logée dans un endroit, d'où elle enfiloit les Troupes du Pape & du Roi d'Espagne, les obligea d'abandonner la défense de leur Retranchement; & étant sorties pour combattre en rase Campagne, afin d'éviter le ravage, que cette Batterie faisoit en dedans de la Ligne, elles furent battuës. (1).

Tome. IX. p. 291.

L'exemple de Pavie, que j'ai rapporté en traitant des *Siéges*, fait voir qu'il est important, que la Place fasse

______

(1) Guichardin, Histoire d'Italie.

une sortie pour charger en queuë les Ennemis, qui vous disputent le Passage de leur Ligne. Par conséquent vous devez attaquer par un Front, où des Ravins, des Ruisseaux & des Haies n'empêchent pas les Troupes de la Place de vous donner ce secours: mais au contraire, attaquez par ce Front, si ces mêmes Ravins, qui s'étendent du Camp à la Place, coupent d'un côté à l'autre la communication des Ennemis, qui ne sçauroient se secourir que lentement, quand même ils auroient de petits Ponts sur ces Ravins. Cette derniere réflexion est de De Ville, qui dit aussi, que s'il y a un Fort détaché pour couvrir quelque hauteur, qui commande le Retranchement, ou pour assûrer la communication des Troupes ennemies ; il faut battre en forme ce Fort ; & si sa Garnison n'est pas considérable, il faut la déloger ou la mettre en désordre avec des Mortiers chargés à Pierres & à Grenades Roïales.

Pour attaquer la Ligne, on fera marcher à la tête plusieurs Pelotons de Mousquetaires ou de Fusiliers, commandés par des Sergens.

Pour moi je voudrois, qu'ils fussent

armés de Cuiraſſes & de Caſques à l'épreuve du Fuſil.

Deux ou trois cens Hommes ſuivront ces Sergens. Outre leurs Armes ils porteront chacun leur Faſcine, & en aïant rempli le Foſſé, ils le franchiront.

Ces Faſcines doivent être de la longueur & de la groſſeur de celles, que j'appelle préſervatives ; afin qu'elles couvrent les Soldats dans la Marche.

Après ces trois cens Hommes avec des Faſcines, marcheront cent autres avec des Pioches pour applanir le Parapet, afin que la Cavalerie puiſſe entrer ; ce qui ne doit point être négligé, parce que ſi vos premieres Troupes étoient repouſſées, vous pourrez faire de nouvelles attaques par le même endroit.

Si le Parapet au lieu de pure terre eſt de Faſcinage, il faut, que quelques-uns de ces cent Travailleurs portent des Haches ou de grandes Serpes pour couper les Faſcines & les Piquets ; & l'on pourra enſuite ſe mieux ſervir des Pioches & autres ſemblables Outils.

Ces cent Hommes ſeront ſoutenus par deux Bataillons, qui feront feu continuellement, pendant que ces cent Hommes travaillent.

Ces deux Bataillons ne se tiendront pas directement derriere ces Travailleurs, mais à droite & à gauche. Dans cette disposition ils voient ce qu'exécutent les Troupes les plus avancées, & ne sont pas en danger d'être renversés par ces premieres Troupes, si elles se retirent avec précipitation.

Je m'éloigne un peu ici de ce que dit la Valiere, parce qu'autrement je ne comprends pas sa pensée, ou bien il faudroit faire une trop grande séparation des Troupes. La principale raison pour laquelle les Bataillons, qui soutiennent le travail, se forment à droite & à gauche, est, parce que de cette maniere ils flanquent les Travailleurs, sans que ceux-ci empêchent le feu, que les deux Bataillons font contre les Ennemis, qui viennent charger les Partis des Sergens, & les trois cens Hommes qui les suivent, & que je suppose s'être rangés en Bataille devant les Travailleurs. Il n'y auroit pas même d'inconvénient de détacher un petit nombre d'autres Soldats avec les Chevaux de Frise nécessaires pour couvrir leur Front & leurs Flancs contre la Cavalerie.

De Ville & quelques Auteurs veulent , que les Bataillons deſtinés à ſoutenir le travail , ſoient couverts par des Mantelets ; qu'ils portent des Planches aſſez longues pour atteindre du bord extérieur du Foſſé à la Berme du Parapet, ou des Faſcines pour combler le Foſſé , & des Outils de Pionniers ; tout cela dans la vûë de franchir le Foſſé , & de ruiner le Parapet dans l'endroit où quelque Troupe des Ennemis intimidée aura abandonné ſon Poſte à droite ou à gauche du Front attaqué.

Il y aura hors de la portée du Fuſil un Corps de Troupes pour s'oppoſer à la ſortie , que les Ennemis pourroient faire ſur les Bataillons , qui ſoutiennt le travail.

Les autres Troupes ſe tiendront hors de la portée du Canon ; à moins que quelque Colline ne leur facilite le moïen de s'approcher à couvert , & de s'avancer à meſure que les Aſſaillans ſe rendent maîtres du Retranchement , & qu'ils l'applaniſſent.

*Il me ſemble, qu'il ſuffiroit de tenir le Gros de l'Armée hors de la portée de la Carabine raïée ; parce qu'à cette diſtance il ne ſera pas incommodé des Canons chargés à Cartouche,

On peut emploïer à chaque attaque deux ou trois mille Hommes, qui chargeront les uns près des autres, en séparant la Cavalerie pour les soutenir.

Pour moi je formerois mon Infanterie sur autant de Colonnes, qu'il doit y avoir de véritables attaques. Je donnerois à chaque Colonne cinquante Hommes de Front, & je garnirois le Front & les Flancs de Piquiers ou de Chevaux de Frise. D'une Brigade à l'autre de chaque Colonne, je ne laisserois que l'intervalle nécessaire, pour que la premiere Brigade, si elle étoit battuë, ne renversât pas la seconde.

On peut laisser d'une Colonne à l'autre autant d'espace qu'il en faut pour les Escadrons, qu'il doit y avoir entr'elles, après que votre Armée a franchi la Ligne ennemie.

De cette maniere quand même une Colonne tarderoit de pénétrer dans la Ligne, une autre qui y sera entrée, se trouve en état de résister ; puisque par sa grande hauteur & par ses piquiers ou ses Chevaux de Frise, elle est aussi forte en ses Flancs qu'en son Front.

Je suppose, que vos Colonnes sont

Des Dispositions avant une Bataille, C. 23. §. 2.

Des Dispositions pendant la Bataille, C. 5. §. 3. & C. 9. §. 7.

précédées des mêmes Détachemens, que la Valiere a proposés pour attaquer la Ligne.

En parlant des Assauts aux Coupures des Places, j'ai donné divers avis, qui peuvent servir dans le cas, dont nous parlons. Mes réflexions à ce sujet regardent

La couleur des habits des Officiers, qui vont à l'Assaut.

Les Canoniers, pour tourner contre les Ennemis les Piéces qu'on leur prend, ou pour enclouer celles qu'ils abandonnent.

Les Ingénieurs & les Pioniers, pour applanir la Ligne, lorsqu'il est nécessaire de s'y loger, attendu qu'il y a un Retranchement intérieur.

Les Mineurs, pour rendre inutiles les Fourneaux & les Fougasses, que les Ennemis avoient fait au Retranchement.

Les précautions à prendre, afin de retirer sans confusion les Blessés, & les panser promptement.

Les instructions claires, qu'il faut donner au Commandant de chaque Troupe, non-seulement par rapport à ce qu'il doit faire, mais encore par rapport à ce que les autres doivent exécuter

exécuter ; afin que les uns ne fe troublent pas, faute de comprendre les mouvemens des autres.

Les ordres, qu'il faut faire précéder, pour prévenir les difputes entre les Commandans des attaques & ceux du Corps de réferve.

La fonction de l'Officier général chargé expreffément de rallier en chaque attaque les Troupes repouffées, & de remplacer les Pioniers, les Fafcines, les Outils à remuer la terre, & les Munitions, &c.

Le Convoi de Vivres, de Munitions, de Fufils & de toutes les autres chofes, dont la Place a befoin, fera chargé fur des Mulets ou des Chevaux, & efcorté par les Troupes, qui doivent aller renforcer la Garnifon. Elles feront fous les ordres d'un Officier habile & valeureux, qui ne perdra point de tems, pour fe jetter dans la Place, auffitôt qu'il pourra fûrement paffer; parce qu'il arrive affez fouvent, que ceux, qui au commencement avoient perdu la Bataille, fe rallient enfuite, & remportent la victoire fur ceux, qui d'abord avoient été vainqueurs. J'en ai rapporté ailleurs une infinité d'Exemples. Si la

A a

Place n'a pas besoin de Troupes, dès que l'Escorte aura laissé le Convoi sur le Chemin-couvert, elle retournera, pour se joindre à l'Armée dans le Combat.

De Ville avertit, que quand une fois la Ligne a été forcée, le Convoi doit marcher par le Chemin le plus court & le plus commode pour les Chevaux ou les Mulets, & pour les Charrois du même Convoi.

Si l'Armée ennemie sort de son Retranchement pour vous présenter le combat, ce n'est plus là le cas de forcer la Ligne, mais celui des Batailles en rase Campagne, dont nous avons parlé fort au long. J'ajoûte seulement, que s'il vous paroît plus avantageux de risquer le secours que la Bataille, il faut examiner, si, en éloignant les Ennemis de la Place, il vous sera possible d'y jetter du secours de la maniere que le fit le Maréchal de Turenne, qui fit divers mouvemens pour obliger les Esprgnols, qui assiégeoient le Quesnoy, d'abandonner certains Postes & de se mettre en marche pour l'observer. Dès que Turenne vit ces Postes abandonnés, il jetta un grand Convoi dans la Place par un Chemin tout différent

de celui, que tenoient les Espagnols,
qui l'observoient.

CHAPITRE XXI.

Des Précautions à prendre par rap-
port à la Place, qui a été se-
couruë. En quel tems & en quelle
maniere, au lieu de risquer un
Combat pour y jetter du secours,
vous devez disputer la retraite à
l'Armée assiégeante.

D E's que vous avez secouru la Place, changez-en
la Garnison trop fatiguée;
& pour remédier à la ma-
ladie épidémique, qui re-
gne parmi les Habitans, prenez toutes les précautions, dont j'ai parlé en
traitant des *Sieges.* Je ferai voir dans
la suite de quelle nécessité il est de
distribuer avec beaucoup d'épargne
les Vivres & le vin à ceux, qui viennent d'en souffrir pendant long-tems
une grande disette.
Si les Ennemis conservent au voi-

§. I.

Tome IX. p.
354.

Des Occa-
sions où il faut
éviter le Com-
bat C. 12.

finage de la Place quelques Forts de Campagne, des Châteaux ou des Villages retranchés. Tâchez de vous en rendre le maître, avant que l'Armée des Ennemis se soit renforcée, & qu'elle les ait mis en un meilleur état de défense ; parce qu'il vous est important de les occuper ; afin que les Convois, les Labours, & le Commerce journalier de la Place ne soient pas incommodés par les Garnisons de ces Postes, après que votre Armée se sera éloignée. C'est pour cette raison qu'Alexandre Farnese prit Caudebec, après avoir secouru Rouen. (1)

S'il y a lieu de craindre, que les Ennemis ne se mettent en peu de tems en Campagne avec des forces supérieures, soit parce qu'ils attendent un gros Renfort de Troupes, soit parce que vous vous voïez obligé de conduire celles de votre Souverain sur une autre Frontiere, vous avez aussi à appréhender, qu'ils ne reviennent faire le Siége de la Place, que vous avez secouruë. Dans ce cas réparez promptement les Parapets, les Palissades & la Bréche ; nétoïez les

____

(1) Bentivoglio, Histoire de Flandres.

ruines tombées dans le Fossé ; applaniſſez les Tranchées, les Batteries, la Ligne de Contrevallation ; fourniſſez les Magaſins de Vivres, de Munitions, d'Armes & de toutes les autres choſes néceſſaires ; enfin raſez la Ligne de Circonvallation, ſi vous n'eſpérez pas de pouvoir maintenir votre Armée en dedans de la Circonvallation, afin d'empêcher le nouveau Siége.

Il ſe peut, que le tems ne permette pas d'exécuter tout ce que je viens de propoſer ; il ſe peut encore, qu'il ſoit peu important à votre Prince de conſerver cette Place ; pourvû qu'elle ne ſoit pas utile aux Ennemis, qui veulent s'en rendre les Maîtres. Dans l'un & l'autre de ces deux cas démoliſſez-en les Fortifications de la maniere, que je l'ai dit en traitant des Siéges.

Lorſque l'Armée ennemie ne peut ſe retirer de devant une Place qu'elle aſſiége, que par une ſeule étroite avenuë, tâchez d'aller occuper ce Poſte par force ou par ſurpriſe, ſans vous embarraſſer de ſecourir la Place ; ſurtout ſi elle a des Vivres pour un plus long-tems que les Ennemis n'en ont ;

Des Siéges,
Tome IX. C.
20. §. 3.

Tome IX. C.
20. §. 4. &
5.

parce que vous ferez affûré de ruiner leur Armée par la famine, fi elle s'obftine à demeurer enfermée dans fon Camp ; ou de la faire périr par le fer, fi elle veut s'ouvrir un paffage dans un Pofte, où vos Troupes ont tant d'avantage par la fituation forte du Terrain, par leurs Retranchemens & leurs Batteries.

Des Marches, C. 9. §. 2.
Des Sièges, Tome VIII. page 29. & 276.

§ Le Comte Maurice de Naffau faifant le Siége de Nieuport, avoua, qu'il fe feroit trouvé extrêmement embarraffé, fi l'Archiduc Albert fon Ennemi, au lieu de lui livrer la Bataille, s'étoit contenté de lui fermer cette unique étroite avenuë, que l'Armée Hollandoife avoit depuis Nieuport jufqu'à Oftende, ainfi que Gafpard Zapena le lui confeilloit : car malgré la reffource, que Maurice avoit de pouvoir s'embarquer, il couroit rifque d'être battu dans le défordre de l'embarquement, ou du moins de perdre la derniere partie de fes Troupes, lorfque les premieres auroient déja été fur les eaux. (1)

Le confeil, que je viens de vous donner, feroit fort dangereux, fi les

(1) Bentivoglio, Hiftoire de Flandres.

Ennemis poouvoient se retirer par deux ou trois avenuës fort éloignées les unes des autres ; parce qu'ils tomberoient avec toutes leurs Troupes sur une partie des vôtres ainsi séparées, qui ne pourroient être secouruës par les autres ; parce que les ennemis en marchant par le Diametre, auroient eu le tems de finir l'action, avant que le reste de votre Armée, qui marche par la circonférence, fût arrivé au secours.

Quoique les différentes étroites avenuës, par où les Ennemis ont à faire retraite, soient éloignées les unes des autres, on peut s'y fortifier, s'il est aisé de défendre tous ces Passages avec peu de Troupes, ou les réduire tous à un seul, en rendant les autres inaccessibles ou impraticables, ainsi que je l'ai dit en traitant des *Siéges.*

Lorsque vous tiendrez les Ennemis enfermés de la maniere, que nous venons de le supposer un peu auparavant, augmentez les Fortifications de votre Retranchement. , & redoublez votre vigilance, à mesure qu'ils manqueront de Vivres & de Fourages. Evitez de sortir de ce Poste fort, pour les charger, quoiqu'il vous paroisse, qu'ils se retirent en désordre, après

Des Siéges C. 2. §. 3. & C. 13.

Les Siéges Tome IX. C. 21. §. 2. & 3.

De la Conduite d'un Général après sa défaite. C.

une attaque , qu'ils ont inutilement donnée à votre Retranchement. J'en ai rapporté dans un autre endroit les raifons & les preuves,

---

CHAPITRE XXII.

Comment on peut par une Guerre de Diverfion obliger les Ennemis à abandonner le Siége d'une de vos Places qu'ils attaquent , ou vo-tre Païs qu'ils occupent ; ou com-penfer fur les Terres des Enne-mis le dommage, qu'ils caufent fur les Etats de votre Prince.

§. I.

S I vous trouvant en état d'en-treprendre un Siége , vous allez faire celui d'une Pla-ce des Ennemis , dont la prife leur feroit d'un grand préjudice; il eft à préfumer qu'ils abandonneront la vôtre qu'ils affiégeoient , pour al-ler fecourir l'autre.

§ Henri III. qui, avant d'être Roi de France , avoit commandé les Trou-pes de Charles IX. fon Frere , étant allé

allé faire le Siége de Châtel-Herault,
obligea les Rébeles commandés par
l'Amiral de Coligny à lever le Siége
de Poitiers, pour secourir Châtel-
Herault. (1)

¶ L'Armée d'Espagne, sous les ordres de Don Juan d'Autriche, fit en
1656. le Siége de la Place de Saint
Guiflain. Le Vicomte de Turenne,
qui commandoit les Troupes de France, afliégea d'abord après la Capelle;
ce qui obligea les Espagnols de lever
le Siége de Saint-Guiflain, pour aller au secours de la Capelle. (2)

Si les Ennemis s'opiniâtrent à vouloir prendre la Place, dont ils ont fait
l'investiture, tâchez de vous rendre
au plûtôt le maître de celle que vous
afliégez, & de compenser avantageusement la perte de celle qu'ils vous
prennent, par la prise d'une autre qui
est plus importante.

¶ M. de Savigny, Mestre de Camp
général de l'Armée de Philippe II.
Roi d'Espagne, conseilla au Cardinal
Archiduc Albert, sous les ordres de
qui il servoit en Flandres, de laisser
perdre la Fere, dont Henri IV. Roi

(1) ForestiMappe-Monde Historique.
(2) Du Verdier Hist. de France.

de France faisoit le Siége ; afin de prendre sur les François la Place de Calais, qui dédommageroit abondamment de la perte de la Fere, supposé qu'Henry IV. ne levât pas le Siége, pour aller secourir Calais. L'Archiduc aiant suivi le Conseil de Savigny, prit cette importante Place ; & les François reconnurent un peu tard, qu'il auroit été plus avantageux pour eux de la conserver, que de prendre l'autre. (1)

Je suppose, que vous ne vous engagerez pas à assiéger une Place si forte par elle-même, ou par un Détachement que les Ennemis seront en état de faire de leur Armée, que sans craindre de perdre cette Place, ils puissent poursuivre le Siége qu'ils ont entrepris.

¶ Les Romains continuerent le Siége de Capouë, nonobstant qu'il parut, qu'Annibal menaçoit Rome ; parce que cette derniere Ville étoit bien approvisionnée & en un bon état de défense, depuis que sa Garnison avoit été renforcée par un Détachement de quinze mille Hommes, que

____

(1) Bentivoglio Hist. de Flandres.

l'Armée Romaine, qui étoit devant Capouë, y avoit envoïé. Par conséquent on ne crut point, que cette Place pût être prise ; & Annibal, qui avoit espéré par cette diversion d'obliger l'Armée d'Appius de se retirer de devant Capouë, fut trompé dans son attente ; les travaux du Siége furent continués, & la Ville fut enfin forcée de se rendre. (1)

Je suppose encore, que vous n'assiégerez pas une Place, qui naturellement doit se défendre plus long-tems, que celle, dont les Ennemis font le Siége ; parce qu'après avoir pris la vôtre, ils marcheroient au secours de l'autre. Au contraire attaquez-en une, que vraisemblablement vous pourrez soumettre, avant que la vôtre se rende ; afin d'accourir ensuite au secours de celle qu'ils assiégent ; supposé que pendant ces entrefaites vous aïez reçu un Renfort suffisant de Troupes, ou que l'Armée ennemie ait perdu tant de monde, qu'elle soit devenuë plus foible que celle de votre Prince.

§ On conseilla au Comte de Mans-

(1) Polybe, Hist. l. 9. & Tite-Live Histoire Romaine.

feldt, Gouverneur du Païs-Bas pour Philippe II. Roi d'Espagne, d'aller assiéger Breda, pour obliger le Comte Maurice de Nassau de lever le Siége de Saint Getrudimbergh. Mansfeldt refusa de suivre ce Conseil; parce que Breda étoit une Place trop forte, qui pouvoit se défendre jusqu'à ce que Maurice eût pris Saint Getrudimbergh, pour venir ensuite avec l'Armée Hollandoise secourir Breda. (1)

¶ Pendant que Denys I. Tyran de Syracuse assiégeoit Egeste, Himilcon son ennemi investit Motya avec les Troupes de Carthage. Il s'en rendit maître, & marcha ensuite contre Denys, qui fut contraint d'abandonner le Siége d'Egeste. (2)

Vous m'objecterez sans doute, que les Ennemis, qui ont commencé les premiers leur Siége, le finiront, avant que votre Armée ait achevé le sien; ou bien la Place, que vous prendrez, ne vaudra pas celle que vous perdez. Je réponds, que souvent les Places les plus importantes ne sont pas les plus fortes. Aujourd'hui c'est moins par le grand nombre de Troupes que

(1) Bentivoglio, Histoire de Flandres.
(2) Diodore de Sicile, L. 14. C. 15.

par la quantité d'Artillerie qu'on force les Places à se rendre ; & il n'est pas impossible d'être supérieur en Artillerie, quoiqu'inférieur en Troupes.

Il peut encore arriver , que votre Place soit mieux approvisionnée, que celle des Ennemis ; que vous aïez des intelligences qu'ils n'ont pas ; ou qu'il vous soit aisé d'ouvrir une Bréche avec l'Artillerie de vos Vaisseaux dans le Front le plus foible qui regarde la Mer. Ce sont ces circonstances & plusieurs autres , dont j'ai parlé en traitant des *Siéges* , qui doivent déterminer à entreprendre un Siége plûtôt qu'un autre. J'ajoûte seulement ici , qu'au moment que vous vous mettez en marche pour aller faire l'investiture d'une Place des Ennemis , vous en devez donner avis au Gouverneur de la vôtre qui est assiégée ; afin de ranimer la Garnison , qui diminueroit de son ardeur & de son opiniâtreté à se défendre , en voïant votre Armée s'éloigner ; si elle n'espéroit pas par votre Diversion un secours équivalent à celui qu'elle attendoit de recevoir directement.

Des Siéges , Tom. VIII. C. 1. & suivans.

§ Polybe nous apprend , que ce fut pour cette raison qu'Annibal fit sçavoir à ſes Confédérés aſſiégés dans Capouë, que l'Armée Carthaginoiſe alloit inveſtir Rome; & que cet avis anima les Aſſiégés à une conſtante & opiniâtre défenſe. (1)

Quelquefois en entreprenant le Siége d'une Place importante des Ennemis, vous les obligez à ſe retirer de votre Païs, où à la faveur des intelligences & du Terrain avantageux, ils n'avoient rien à redouter de votre Armée.

§ L'Empereur Leopold Ignace chargea le Comte de Walſtein de mettre tout en uſage pour chaſſer de la Baviere les Troupes de Guſtave Adolphe Roi de Suede. Pour y réuſſir, Walſtein fit le Siége de Nuremberg, Place très importante pour Guſtave, qui pour aller à ſon ſecours abandonna la Baviere. (2)

Des Siéges, *Tom. IX. c. 1.*

Il ſemble, que je devrois dire ici de quelle maniere il faut agir, lorſque l'Armée ennemie ſe prépare à ſecourir la Place que vous aſſiégez : mais comme j'ai traité cette matiere en parlant des *Siéges*, j'y renvoïe le Lecteur.

(1) Polybe, Hiſt. L. 9.
(2) Du Buiſſon, Vie de Turenne.

Il se peut aussi, que vous n'aïez pas les préparatifs nécessaires pour faire un Siége, mais que votre Armée soit assez forte pour entrer dans le Païs ennemi : ce qui peut obliger les Ennemis à abandonner votre Païs, ou à lever le Siége de la Place qu'ils attaquoient : principalement si vous entrez dans une Province, qui fournit aux Ennemis beaucoup de Vivres, d'Argent, de Munitions, d'Hommes & de Chevaux.

¶ Agathocle Roi de Syracuse, fit sortir de son Païs les Africains par une Guerre de Diversion qu'il porta en Afrique. (1) Le Grand Annibal chassa de la même maniere les Carthaginois de l'Italie. (2) Les Vandales abandonnerent la Conquête de la Sicile qu'ils avoient entreprise, pour accourir à la défense des Terres, qu'ils avoient en Afrique, où l'Empereur Valentinien II. avoit envoïé une Armée. (3)

¶ Les Vénitiens forcerent les Florentins de se retirer de devant Pise en entrant les premiers dans le Casentin,

De la Guerre Offensive, c. 10. 18. & 19.

§. II.

(1) Monarchie Ecclésiastique de Pineda.
(2) Tite-Live, Histoire Romaine.
(3) Dolce, Vie des Empereurs.

où Paul Vitelli , pour défendre ce Païs , fut obligé d'accourir avec les Troupes de Florence. (1).

§ Alexandre Jannée abandonna le Siége de Ptolémaïde pour venir au secours de la Palestine , que Ptolomée Latur Roi d'Egypte avoit insultée , dans la vuë par cette Diversion de faire lever le Siége de Ptolémaïde. (2)

La situation des Provinces de votre principal ennemi , la difficulté de traverser des Défilés & des Rivieres , qu'il faut passer pour y arriver , & plusieurs autres circonstances , peuvent rendre trop périlleux ou trop peu utile le dessein que vous avez de pénétrer dans ces Provinces ; tandis que peut-être les mêmes inconvéniens ne se rencontrent pas pour porter la Guerre dans les Etats d'un des Princes , qui forment la Ligue ennemie. Dans ce cas portez la Guerre sur les Terres du Prince , qui pour défendre ses Etats , ne retirera pas seulement les Troupes , qu'il a dans l'Armée ennemie : mais qui peut-être obligera l'Armée entiere ou une partie de marcher à son secours.

(1) Guichardin , Histoire d'Italie.
(2) Foresti , Mappe-monde histor.

§ Pour éviter que les Sarrazins foutenus par Alexis, Empereur des Grecs, ne continuaffent à incommoder les Troupes de la Ligue facrée, Boëdmond Prince d'Antioche, alla inveftir en Dalmatie la Place de Durazo, qui appartenoit à Alexis. Par cette Diverfion l'Empereur Grec ne fe trouva plus en état d'embarraffer l'Armée Chrétienne dans la Paleftine. (1)

§ Les Romains, inquietés par l'Armée d'Annibal en Italie, envoïerent le Préteur Pofthumius pour faire une Diverfion dans le Païs des Gaulois ; afin que ces Peuples, qui faifoient la principale force de l'Armée d'Annibal, fe retiraffent pour aller défendre leur Païs. (2)

Au refte, avant que de vous engager dans ces Guerres de Diverfion que je propofe, examinez attentivement, fi, dans toute forte d'événement, qui puiffe furvenir, vous pourrez vous retirer librement du Païs ennemi ; principalement, lorfque c'eft un Païs coupé, dont les Habitans naturellement aguerris peuvent vous difputer les Défilés, ou vous obliger à mar-

De la Guerre Offenfive, c. 9. §. 4.

(1) Forefti, Mappe-monde hiftor.
(2) Polybe, Hift. l. 3.

cher par des Chemins incommodes &
périlleux, à construire des Ponts qu'ils
ont rompus, & vous détenir par les
difficultés que vous rencontrez sur vôtre retraite, en attendant qu'aiant reçû des Troupes d'une autre Province,
ils aient des forces supérieures aux
vôtres.

Charles II. Roi d'Angleterre, vou-
lant obliger Cromwel à retirer son
Armée de l'Ecosse, prit la résolution
de passer avec son Armée d'Angleterre en Ecosse : mais il y rencontra
tous les inconvéniens, dont je viens
de parler, & il eut le malheur
d'être défait à la Bataille de Woces-
ter. (1)

Il n'y a pas à craindre de ne pas
avoir une retraite libre, lorsque pour
faire Diversion, vous allez attaquer
des Ennemis voisins, dont les principales forces sont occupées à une Guerre, qu'ils ont portée au—delà des Mers,
parce qu'à compter du moment que
vous serez averti par vos Espions, que
l'Armée ennemie commence à s'embarquer pour s'en retourner jusqu'à
ce qu'elle arrive, il y a assez de tems

(1) Bisaccioni, Histoire de la Guerre Civile
d'Angleterre.

pour faire retirer les Troupes de votre Prince, & les mettre en sûreté.

§ Philippe III. Roi de France porta la Guerre en Espagne dans les Etats de Don Pedro Roi d'Arragon, pour l'obliger d'abandonner la Sicile, que les Arragonois avoient investie contre le Roi Charles, Allié & Oncle de Philippe : ce qui obligea le Roi Don Pedro de retirer ses principales forces de la Sicile. (1)

J'ai prouvé au commencement de ce Volume, qu'il est aisé de battre l'Armée ennemie, lorsqu'après un long voïage pour se rendre en son Païs, elle se met en rase Campagne aussi-tôt qu'elle a débarqué.

Il n'y aura aussi rien à craindre pour la retraite, lorsque superieur en Vaisseaux, vous porterez la Guerre de Diversion sur des côtes, quand même elles seroient fort éloignées.

§ Periclès, Capitaine d'Athenes, n'aiant pas une Armée assez nombreuse pour défendre son Païs contre Archidame Roi de Lacédemone, envoïa cent Galeres & quelques Troupes sous les ordres de Carcin, pour

____

(1) Foresti, Mappe-monde Histor.

ravager la Morée : ce qui obligea Archidame d'abandonner le Païs d'Athénes , pour aller délivrer la Morée des incursions des Athéniens. (1)

Quand même vous ne vous trouveriez pas avec affez de Troupes pour tenir la Campagne dans le Païs ennemi , fi vous êtes fuperieur en forces Navales , vous pouvez dans un petit Débarquement furprendre le long de la Côte un Port, où il y a peu de Garnifon , & qui fera de défenfe , pour peu que l'Art ajoûte à fa forte fituation. Alors les Ennemis appréhendant, que vous n'y envoïez de nouvelles Troupes pour défoler le Païs, ou pour y faire des Conquêtes , tireront des Détachemens de leur Armée , qui eft entrée dans vos Provinces ; ou peut-être même rappelleront-ils leur Armée entiere , pour venir faire le Siége de ce Port, avant que vous en aiez augmenté les Fortifications.

§ C'eft dans cette vûë , que Démofthéne , Capitaine d'Athénes , fortifia dans le Païs de Lacédémone le pofte de Pilo , qu'il avoit furpris par Mer. Démofthéne ne fut point trom-

____

(1) Diodore de Sicile , L. 12. C. 11.

pé dans sa conjecture ; puisque les Lacédémoniens, qui craignirent toutes les suites dont je viens de parler, & préférerent à toute autre entreprise celle de venir sans délai faire le Siége de Pilo. (1)

Quoique vous n'aïez que peu de Troupes, si vous êtes superieur en Vaisseaux, vous pourrez porter la Guerre dans une Isle des Ennemis, dont la Garnison n'est pas nombreuse ; afin de vous dédommager, par la prise de cette Isle, des Terres, que vous ne pouvez pas défendre dans votre Païs ; puisqu'avec vos Vaisseaux, vous empêcherez, que les Ennemis ne secourent cette Isle.

De la Guerre Offensive, C. 10. §. 7.

Enfin, vous pouvez faire de fréquens Débarquemens sur les Côtes, où vous sçavez, que les Ennemis n'ont pas beaucoup de Troupes ; parce que dans ce cas trente mille Hommes des Ennemis ne sçauroient empêcher à quatre mille des vôtres de faire ces Débarquemens ; surtout si la Côte est longue. Je suppose néanmoins, que pour toutes ces entreprises vous ne diminuerez pas la Garnison néces-

____

(1) Diodore de Sicile, L. 12. C. 18.

faire dans toutes les Places, que les
Ennemis pourroient attaquer dans votre Païs.

CHAPITRE XXIII.

*Avantage, que l'on trouve à agir par
des intelligences. En quel cas il
est permis de susciter un soulé-
vement parmi les Ennemis.*

§. I.

SELON un ancien Prover-
be, celui, qui ne peut se
parer de la peau du Lion,
doit se couvrir de celle du
Renard : c'est-à-dire, qu'il faut user
de ruse pour suppléer à la force dont
on manque. Par la ruse on épargne le
sang, que fait répandre la force, lors
même qu'elle est victorieuse. Toute
la difficulté consiste à n'emploier les
intelligences & la ruse que dans ce
qui est permis ; puisque même les Gen-
tils ont reconnu, »qu'afin que l'avanta-
» ge qu'on en retireroit, soit constant
» & durable, il doit être fondé sur la
» raison & la justice. (1) »

(1) Nihil autem potest esse diuturnum, cui
non subest ratio. Quint. Curt. L. 4.

De tous les Effets, qu'on peut fe promettre de l'artifice, le plus efficace feroit d'exciter la divifion & la révolte parmi les Ennemis, de s'y fomenter un Parti, & de faire agir leurs Troupes les unes contre les autres, lorfque celles de votre Prince ne font pas en état de leur réfifter. : mais ce moïen eft auffi violent qu'il peut paroître illicite. Il femble néanmoins, qu'il feroit permis de l'emploïer, lorfqu'il eft abfolument néceffaire pour la défenfe de la Religion. Le Texte facré parlant des Egyptiens, qui perfécutoient la Loi, qui étoit alors la véritable, s'exprime ainfi : » J'animerai » les Egyptiens contre les Egyptiens; « & le Frere combattra contre fon » frere, l'ami contre fon ami, la Ville « contre la Ville, & le Royaume con- » tre le Royaume. (1)

Les Exemples fuivans, que nous ont donné des Souverains, dont la plûpart ont paffé pour des Princes juftes, femblent autorifer le droit de

---

(1) Concurrere faciam Ægyptios adversùs Ægyptios, & pugnabit vir contra fratrem fuum; & vir contra amicum fuum, civitas adversùs civitatem, regnum adversùs regnum. Ifaïæ C. 19. ⁊. 2.

pouvoir fusciter une révolte parmi des Ennemis, qui par une guerre injuste désolent votre Païs, lorsqu'il n'y a pas d'autre ressource pour le défendre. Mais comme il n'est pas de ma profession de décider en fait de Morale, je me borne à rapporter les Exemples que l'Histoire me fournit.

¶ Lorsque les Armes Hollandoises étoient victorieuses dans le Païs-Bas par le secours, que les François donnoient au Prince d'Alençon, protecteur de ce Païs; les Espagnols fomenterent en France la révolte de quelques Seigneurs: ce qui porta le Roi très-Chrétien à promettre de ne plus donner du secours à la Hollande, à condition que l'Espagne ne favoriseroit pas le Parti des Mécontens en France. (1)

¶ Manuel Paléologue, Empereur d'Orient, ne sçachant comment garantir ses Etats des hostilités, que Moyse huitiéme Empereur des Turcs y exerçoit, les en délivra en excitant contre Moyse une révolte en faveur de Mahomet son frere. (2)

¶ Charles V. Duc de Lorraine con-

_____

(1) Meteren, Histoire du Païs-bas.
(2) Suarez, Hist. des Emp. Ottom.

falloit

feilloit à l'Empereur Léopold Ignace, que fi le Roi de Pologne embraffoit contre l'Empire les intérêts de la France, il falloit fufciter en Pologne des divifions & des troubles, détrôner ce Prince, & faire élire un autre Roi plus affectionné à l'Empire. (1)

§ Artaxerce Mnmon, Roi de Perfe, ne pouvant réfifter aux Grecs, qui fous les ordres d'Agefilas lui faifoient la Guerre en Afie, envoïa Hermocrate le Rhodien avec une groffe fomme d'argent, afin d'y exciter des foulévemens. Hermocrate réuffit dans fa commiffion, & les Grecs rappellerent auffi-tôt l'Armée d'Agefilas, qui difoit, que trente mille Hommes de trait l'avoient chaffé de l'Afie; parce qu'Artaxerce avoit fait graver la figure d'un Homme de trait fur chaque piéce de cette monnoïe appellée *Conon*, dont il fe fervit pour faire valoir fes intelligences. (2)

§ Ptolomée Philadelfe, Roi d'Egypte, fe voïant inquieté par l'Armée d'Antiochus Soter, Roi de Syrie, fufcita à force d'argent une révolte

(1) Teftament Politique de Charles V. Duc de Lorraine.
(2) Plutarque, Vie d'Artaxerce.

dans les Etats d'Antiochus, qui fut obligé de faire la paix avec Ptolomée. (1)

Il est, selon moi, incontestablement permis de séduire ceux, qui suivent le Parti d'un simple Chef de Rébéles ; puisqu'ils lui prêtent une obéissance, qui n'est dûe qu'à leur légitime Maître. Le serment de fidélité, par lequel les Soulevés se sont engagés à leur Chef, ne doit être d'aucune considération ; par ce qu'en les incitant à le rompre, c'est les porter à accomcomplir le premier qu'ils avoient légitimement fait à leur Souverain. Faites attention à l'exemple de David, que j'ai rapporté en traitant des *Révoltes* ; où vous verrez, que ce Saint Roi, au lieu d'accepter les services, que Chufaï offroit de lui rendre contre Abfalon & Architophel, lui ordonna de demeurer parmi les Rébéles, pour détourner leurs mauvais desseins, & pour lui donner les avis nécessaires.

§ Il ne faut que peu d'argent pour acheter beaucoup de fer & d'acier. L'Empereur Leon disoit, « qu'avec » de l'argent on remporte souvent,

Des Révoltes,
C. 47. §. 3.

(1) Forefti, Mappe-monde historique.

" sans combattre, la victoire sur ses
" Ennemis. " (1) Par conséquent si
les Ennemis vous sont supérieurs en
forces, faites semer dans leur Camp
des Billets, par lesquels vous promet-
trez à tous les Soldats, qui déserteront
vers votre Armée, quelque peu d'argent & un Passeport pour se retirer dans l'endroit qu'ils souhaiteront.
Vous offrirez encore un plus grand
avantage, à ceux, qui prendront parti
parmi vos Troupes.

¶ Arminius fit pendant la nuit approcher un de ses Soldats du Camp
de Germanicus, en promettant à haute voix à chaque Déserteur de l'Armée Romaine cent Sesterces par jour,
(c'est-à-dire six livres cinq sols de notre monnoie d'aujourd'hui) pendant
tout le tems que dureroit la Guerre,
& après la paix, des terres, pour pouvoir vivre commodément. (2)

¶ Une Cohorte de Liguriens, deux
Troupes de Thraces, & quelques autres simples Soldats quitterent le service des Romains pour passer à celui
de Jugurtha leur ennemi, attirés par

(1) Pecuniâ sæpe sine prælio victoriam de
hostibus reportabis. Apud Beyerl. in Th. V. h.
(2) Tacite, Annales L. 1.

les offres qu'il leur avoit faites, & par
l'Argent qu'il leur avoit promis. (1)

§ César augmenta son Parti en promettant par des billets, qu'il fit répandre, des richesses & des honneurs aux
Soldats de Scipion son ennemi, & de
conserver les biens des Citoïens, qui
abandonneroient le Parti contraire. (2)

En traitant *des Occasions où il faut
éviter le Combat*, je dirai de quelle
maniere on peut réduire les Ennemis
à manquer de Vivres, de Fourages &
d'argent, afin d'affoiblir leur Armée
& dégoûter les Soldats. Lorsque
vous y aurez réüssi, offrez-leur de leur
païer plus qu'il ne leur est dû, a condition qu'ils déserteront vers votre Armée, ou qu'ils vous remettront le
Poste qu'ils défendent, duquel vous
vous approcherez pour mieux soutenir les intelligences par le voisinage de
votre Armée.

§ C'est de cette maniere qu'Alexandre Farnese réüssit à se faire remettre la Place de Saint-Getrudimberg
par les Anglois, qui y étoient en Garnison pour les Etats Généraux de
Hollande, & qui s'étoient à moi-

(1) Saluste, Guerre de Jugurtha.
(2) Malvezi, Discours sur Tacite.

tié ſoulevés faute de païe. (1)

§ Le Comte Maurice de Naſſau en uſa de la même maniere à l'égard des Valons & des Allemans, qui ſe trouvoient de Garniſon dans le Fort Saint-André: car aïant offert à ces Troupes la païe, que l'Archiduc Albert leur devoit, elles rendirent le Fort, & paſſerent au ſervice de Maurice, qui ſoutint toute cette négociation avec ſon Armée, qui faiſoit le Siége de ce Fort. (2)

La précaution de s'approcher pour ſoutenir les Troupes mécontentes eſt encore plus néceſſaire, lorſque le reſte de l'Armée qui eſt ſoumis, peut les réduire par la force: ainſi offrez alors aux Mécontens tous les ſecours néceſſaires.

Par ce moïen le Comte Maurice de Naſſau fit paſſer au ſervice de la Hollande les Troupes de l'Archiduc Albert, qui s'étant mutinées faute de païe, s'étoient emparées d'Hoſtrat, & étoient réduites à la derniere extrêmité par un Détachement de l'Archiduc, que le Comte Frederic de Berg commandoit. (3)

(1) Bentivoglio, Hiſt. de Flandres.
(2) Bentivoglio, Hiſt. de Flandres.
(3) Bentivoglio, Hiſt. de Flandres.

Je m'étois d'abord proposé d'ajoûter à ce Traité dix autres Chapitres, où je donnois des regles particulieres proportionnées à différens cas; afin de réüffir à faire soulever le Païs ennemi. Ce qui m'avoit engagé d'abord à suivre ce deffein, étoit l'exemple de Don Bernardin de Mendoza, du Marquis Virgile Malvezi, du Comte Galeaz Gualdo, du Général Montecuculli, de Comin Ventura, & d'un très-grand nombre d'autres Ecrivains, qui avoient traité cette même matiere. Mais aïant fait ensuite réflexion, que quelques Sujets d'un génie tumultueux pourroient se servir contre le Prince des avis, que je ne donnois qu'en sa faveur, je me suis borné à traiter des moïens, que le sujet ne sçauroit mettre en usage, & que le Général, à qui le Souverain confie ses forces, ne doit pas ignorer, afin de s'en servir contre l'Ennemi. (1)

(1) Non est eadem virtus principantis & subjecti, neque in anima, neque etiam in aliis. Tomas in Com. Arist. Polit. L. 3.

Fin du dixiéme Volume.

FAUTES A CORRIGER
dans le Volume X.

Pages.	Lignes.	Fautes & Corrections.
20.	11.	de se, *lisez*, à se.
29.	3.	qu'il s'étant, *lisez*, qui s'étant.
31.	2.	contrées, *lisez*, contrée.
39.	19.	trahi, *lisez*, trahis.
48.	13.	Barberouse, *lisez*, Barberousse.
56.	14.	de maison, *lisez*, de ma maison.
75.	14.	d'Acaye, *lisez*, d'Achaye.
87.	2.	a, *lisez*, là.
98.	2.	un Embuscade, *lisez*, une Embuscade.
105.	18.	prendra la langue, *lisez*, prendra langue.
117.	16.	on en, *lisez*, on le.
156.	18.	sont entierement, *lisez*, sont pas entierement.
164.	29.	Daphenée, *lisez*, Daphnée.
170.	14.	menacé, *lisez*, menacée.
173.	20.	toujours à leur intérêt particulier l'importance, *lisez*, toujours leur intérêt particulier à l'importance.
175.	26.	donne à, *lisez*, donne lieu de.
183.	7.	inondant la Place, *lisés*, inondant son Camp & ses Tranchées.
187.	*derniere.*	pointe, *lisés*, pointes.
197.	29.	ne soit, *lisés*, ne fut.
205.	25.	qu'on puisse les apercevoir, *lisés*, qu'on ne puisse pas apercevoir ces Outres & ces Barils.

Pages.	Lignes.	*Fautes & Corrections.*
225.	3.	un , *lisez* , une.
236.	9.	T , *lisez* , t.
236.	11	T , *lisez* , t.
237.	15.	leur Province , *lisés* , leurs Provinces.
238.	30.	Bilaccioni, *lisés* , Bisaccioni.
249.	28.	& six fusées , *lisés* , & cinq fusées.
251.	*pénult.*	de beaux , *lisés* , deux Flambeaux.
253.	18.	six, *lisés* , cinq.
258.	16.	continuel vous empêchera , *lisés* , continuel empêchera.
262.	5.	le , *lisés* , se.
301.	4.	parler , & préférerent, *retranchés* , &.

TABLE
DES DIVERS TRAITE'S
contenus dans les onze Volumes de cet Ouvrage.

F I N.